말씀이 이끄는 삶

말씀이 이끄는 삶
청년을 위한 믿음 솔루션

초판1쇄 발행	**지은이**
2025년 6월 30일	신동만

펴낸이	**펴낸곳**	**주소**	**전화**
김태영	도서출판 큐	경기도 고양시 덕양구	02-323-5609
	(씽크스마트)	청초로 66	
		덕은리버워크 B-1403호	

출판사 등록번호	**ISBN**	**정가**	ⓒ 신동만
제395-2023-000160호	979-11-984411-8-8	17,000원	
	(03230)		

이 책을 만든 사람들	**책임편집**	**편집**	**홈페이지**
	김무영	신재혁	www.tsbook.co.kr
			인스타그램
			@thinksmart.official
			이메일
			thinksmart@kakao.com

*** 씽크스마트 더 큰 생각으로 통하는 길**
'더 큰 생각으로 통하는 길' 위에서 삶의 지혜를 모아 '인문교양, 자기계발, 자녀교육, 어린이 교양·학습, 정치사회, 취미생활' 등 다양한 분야의 도서를 출간합니다. 바람직한 교육관을 세우고 나다움의 힘을 기르며, 세상에서 소외된 부분을 바라봅니다. 첫 원고부터 책의 완성까지 늘 시대를 읽는 기획으로 책을 만들어, 넓고 깊은 생각으로 세상을 살아갈 수 있는 힘을 드리고자 합니다.

*** 도서출판 큐 더 쓸모 있는 책을 만나다**
도서출판 큐는 울퉁불퉁한 현실에서 만나는 다양한 질문과 고민에 답하고자 만든 실용교양 임프린트입니다. 새로운 작가와 독자를 개척하며, 변화하는 세상 속에서 책의 쓸모를 키워갑니다. 흥겹게 춤추듯 시대의 변화에 맞는 '더 쓸모 있는 책'을 만들겠습니다.

자신만의 생각이나 이야기를 펼치고 싶은 당신. 책으로 사람들에게 전하고 싶은 아이디어나 원고를 메일(thinksmart@kakao.com)로 보내주세요. 씽크스마트는 당신의 소중한 원고를 기다리고 있습니다.

말씀이 이끄는 삶

신동만 지음

청년을 위한 믿음 솔루션

추천사

삶의 미래를 보장하는 책

먼저 하나님을 찬양합니다. 신동만 장군은 본인이 애국운동을 하면서 알게 된 후배 장군이자 같은 교회의 장로며 늦은 나이에 정치학 박사학위를 받은 매우 성실하며 누구보다도 국가와 군을 사랑하는 분입니다. 신 장군은 매일 새벽기도와 아침운동으로 평생을 단련하며 전지전능하신 하나님의 말씀을 가슴에 새기고 이를 실천하고자 애쓰며 복음전파에 생명을 다하는 요즘 보기드문 장군입니다. 특히 군의 군종목사와 선교사를 도와 청년 장병들에게 복음을 전하며, 탈북 목회자들을 도와 남북의 복음통일에 기여하고, 잃어버린 옛 땅을 회복하는데 열심으로 글을 쓰며 기독일보에 연재하고 있습니다.

군에서 복음을 받은 젊은 장병들이 저마다의 전문성을 가지고 5대양 6대주, 땅끝까지 복음을 전하도록 하는 데 기여하고 있습니다. 독자 여러분들은 이 책을 읽는 순간 복음의 능력이 얼마나 대단한지 알게 될 것입니다. 하나님의 말씀은 살아서 역사하시며 우리 삶에 닥쳐오는 어떠한 난관도 극복하게 하는 능력이 있음을 깨닫게 됩니다. 이 책을 읽는 순간 여러분들은 팔자를 고치며 인생 대박나는 기회를 잡게 될 것입니다. 왜냐하면 하나님의 말씀은 능력이 있고 모든 성경이 교훈과 바르게 함과 의로 교육하는 데 유익한 비경이며 우리의 길을 평탄케 하고 우리의 삶을 형통케 하는 보화이기 때문입니다. 여러분들의 미래를 보장하기 때문입니다.

여러분들은 이 책을 읽고 감화 감동이 오면 주위 사람들, 특히 식구들에게 1독을 권하여 여러분은 물론 가족들과 이웃들이 인생 대박이 나도록 추천해 주기를 바랍니다. 하나님의 말씀이 능력이기 때문입니다.

전 국방부장관, 전 국정원장, 현 대한민국 국가원로자문회의 의장

권영해 장로

추천사

성령 충만의 은혜를 체험할 수 있는 책

　신동만 장로님의 책을 정독하면서 큰 은혜를 받았습니다. 가슴 속에서 감동의 쓰나미가 밀려오는 것 같았습니다. 그리고 신 장로님은 성경에 통달한 같이 보여 제가 부끄러움을 느낄 정도여서 경의를 표하였습니다.
　우선 신 장로님의 탁월한 문필력은 전문 작가의 수준이라고 느꼈습니다. 이 책을 읽는 분들은 신 장로님의 수준 높은 글솜씨에 놀라면서 시간 가는 줄 모르고 빠져들게 될 것으로 믿어 의심치 않습니다.
　둘째로는 구슬이 서 말이라도 꿰어야 보배라는 속담이 있는데 성경에 은혜로운 말씀, 감동적인 말씀들은 여기저기 여러 곳에 널려 있습니다. 그런데 신 장로님은 그 모든 감동적인 말씀을 모두 끌어 보아 하나의 주제에 맞게 한 줄로 꿰어놓았기 때문에 성경을 이해하는 데 빠르고, 은혜와 감동을 느끼기에도 좋을 것입니다.
　신 장로님의 불타는 사명감은 타의 추종을 불허합니다. 그의 가슴에서 복음을 전하고자 하는 열정이 활화산처럼 타오르는 것을 처음부터 느낄 수 있었습니다. 이것은 신 장로님이 성령으로 충만한 상태라는 것을 말해 주는 반증인 것입니다. 또한 신 장로님은 날마다 새벽 3~4시에는 반드시 기상하여 새벽기도에 갈 때까지 성경을 읽는다는 것입니다. 그는 성경을 읽고 싶은 충동이 굴뚝 같이 높아서, 그냥 누워서 잠자는 시간이 아까울 정도라고 합니다. 이런 분을 저는 근래에 처음 만나는 것 같습니다.

그는 지난 40년의 군 생활 동안 단 하루도 몸이 안 좋거나, 지루함이나 따분함이 느껴져서 오늘 하루는 좀 쉬었으면 하고 느낀 날이 단 하루도 없었습니다. 이것은 기적 같은 일이 아닐 수 없습니다. 이것은 그분이 날마다 성령에 이끌려 살았다는 증거입니다.

그의 글은 신학적으로도 어색한 곳이 하나도 없었으며, 그의 간증은 우리나라뿐 아니라 우리나라를 통한 세계복음화에 대한 하나님의 뜨거운 가슴을 그대로 보여주듯 하여 나의 마음도 빨려 들어가는 것을 느낄 정도였습니다. 특히 미국인에게 고함이라는 글에는 미국인들의 가슴을 서늘하게 할 정도의 살았고, 운동력이 있어 미국인들의 가슴을 후벼 파는 비수와 같은 말씀으로 가득 차 있습니다.

신 장로님은 사관학교에 입학할 때도 수석으로 입학했다는 말씀을 들었는데, 전역 후에 정치학박사 학위도 얻을 정도의 열렬한 학구파임을 알 수 있었습니다.

누구든지 이 책을 읽는 분 들은 혼자 성경을 읽는 것보다 열 배는 빨리 성경의 내용을 파악하게 되고, 은혜를 받을 것이며, 신 장로님 같은 성령 충만의 경지에 진입하게 될 것이므로 일독을 추천하되, 강력하게 추천하는 바입니다.

전 한국군종목사단장((예)육군대령), 현 신덕교회(마포) 원로목사
홍순영 목사

들어가며

　필자가 글을 쓰는 목적은 성경 말씀이 삼위일체 하나님의 능력과 지혜의 보고(寶庫)임을 전하기 위해서다. 이 글을 통해서 창조주 하나님을 영화롭게 하며 이 땅에서 하나님의 나라를 확장하고 하나님의 의를 구함으로써 창조의 목적에 기여하기 위함이다. 아울러 하나님의 말씀을 통하여 하나님의 형상으로 창조된 인간이 죄로부터 구원을 받아 하나님의 자녀로 거듭나도록 생명의 길로 안내하며 진리에 이르도록 도움을 주기 위함이다. 또한 대한민국과 한국교회와 성도들이 다시 도약하기를 소망하며 이 글을 쓴다.

　성경은 자신의 정체성에 대해 명확한 해답을 줄 뿐만 아니라 세상에서 방황하는 모든 자들에게 길과 진리를 제시해 주며 생명 길로 인도한다. 하나님은 말씀으로 천지만물을 창조하시고 우주의 질서를 운행하시며 인간사 모든 문제를 해결하는 비경(秘經)이다. 수많은 사람들은 진리를 찾아 구도의 길을 나서며 광야의 수도원에 들어가 도(道)를 닦고자 노력하나 참 진리이신 하나님의 말씀이 없으면 안타깝게도 여전히 사망의 음침한 골짜기를 헤매고 있을 뿐이다. 하나님의 말씀인 성경이 위대한 이유다.

필자는 모든 사람이 비경인 성경을 읽고 십자가의 도(道)를 깨달아 인생 대박이 나도록 도와주기를 원한다. 성경은 하나님의 말씀으로 이 말씀은 살아서 오늘도 독자 여러분들의 삶 깊숙이 개입하시며 역사하시는 실체임을 알려주기 위함이다.

"**하나님의 말씀은 살았고 운동력이 있어 좌우에 날선 어떤 검보다도 예리하여 혼과 영과 관절과 골수를 찔러 쪼개기까지 하며 마음의 생각과 뜻을 감찰하나니**"(히4:12)와 같이 하나님의 말씀은 살아서 능력과 권세가 있기 때문이다. 하나님의 나라는 말에 있지 아니하고 능력이 있음을 선포하고자 한다.

우리의 삶에 비추어 보면 때와 기한을 알고자 하는 것은 아버지 하나님의 권한이며 이웃을 판단하고 심판하는 권한도 오직 예수그리스도께 있음을 명확히 하고 있다. 이는 자신이 언제 출세하고 돈을 버는지가 사주팔자에 있지 아니하고 점을 보는 행위에 있지 아니함을 말씀하고 있다. 남을 비난하고 판단하는 것도 심판 날에 오직 예수그리스도께 있다는 말씀이다. 아울러 재판과 전쟁도 오직 하나님께 속하였다고 말씀하고 있다. 또한 가장 중요한 떡(물질, 경제)도 마찬가지다. "**예수께서 대답하여 가라사대 기록되었으되 사람이 떡으로만 살 것이 아니요 하나님의 입으로 나오는 모든 말씀으로 살 것이라 하였느니라 하셨으니**"(마4:4)

이는 인간사 떡이 가장 중요하기 때문에 역설적으로 말씀하신 것이다. 우리 사회의 모든 병폐가 이에서 나오기 때문이다. 이 모든 것들이 인간으로서 해결하기 어렵기 때문에 하나님의 말씀을 붙잡고 하나님께 기도하며 나가면 하나님께서 반드시 해결해 주시겠다는 언약의 말씀을 하신 것이다. 또한 대한민국과 한민족이 자유민주주의를 지키고 세계의 중심이 되며 선교강국으로 나가는 길을 말씀을 통하여 제시하고자 한다. 예수께서 내가 곧 길이요 진리요 생명이라 말씀하셨기 때문이다. 하나님께서 대한민국과 한민족에게 풍성한 언어(한자, 한글)를 주신 것은 특별한 의미가 있다고 생각한다.

하나님은 언어로 말씀하시기 때문이며 이는 동시에 우리 언어로 하나님의 위대하신 능력을 풍성하게 표현할 수 있기 때문이다. 하나님의 말씀을 각 민족의 언어로 표현할 수 있는 만큼 그 민족을 향한 하나님의 능력이 확대된다고 생각하기 때문이다. 한자를 만든 동이족이 위대한 이유며 세종대왕이 위대한 이유다. 또한 하나님은 우리 민족을 향해, 개인을 향해 "오직 너희는 택하신 족속이요 왕 같은 제사장들이요 거룩한 나라요 그의 소유된 백성이니 이는 너희를 어두운데서 불러내어 그의 기이한 빛에 들어가게 하신 자의 아름다운 덕을 선전하게 하심이라 너희가 전에는 백성이 아니더니 이제는 하나님의 백성이요 전에는 긍휼을 얻지 못하였더니 이제는 긍휼을 얻는 자니라"(벧전 2:9~10)고 말씀하였다. 동방의 조용한 아침의 나라가 빛을 발하는 시기가 왔다.

21세기 대한민국과 한민족은 하나님께로부터 크게 쓰임 받을 것이다. 복음은 성령의 역사로 가나안(팔레스타인)에서 로마를 거쳐 유럽과 미국으로 서진 운동을 하고 있기 때문이다. 하나님께서 기원전 2,166년 믿음의 조상 아브라함을 선택하실 때 167년 앞선 기원전 2,333년 고조선의 단군왕검을 예비하셨기 때문이다.

이 책에 들어가기에 앞서 시편 33편의 말씀으로 여러분들과 가정과 사회와 대한민국을 축복하고자 한다. "온 땅은 여호와를 두려워하며 세계의 모든 거민은 그를 경외할찌어다 저가 말씀하시매 이루었으며 명하시매 견고히 섰도다 여호와께서 열방의 도모를 폐하시며 민족들의 사상을 무효케 하시도다 여호와의 도모는 영영히 서고 그 심사는 대대에 이르리로다 여호와로 자기 하나님을 삼는 나라 곧 하나님의 기업으로 빼신바 된 백성은 복이 있도다"(시33:8~12)의 말씀을 마음 판에 새기고 지켜 행해야 할 것이다.

독자 여러분들은 이 책을 읽는 동안 동일한 성경말씀을 자주 접할 수 있다. 반복하는 것은 이 말씀이 중요하기 때문이다. 필자는 성경 말씀으로 독자 여러분과 가정이 복을 받고 대한민국과 한민족이 21세기에 새롭게 도약하여 세계 선교강국, 세계 초일류통일강국 되기를 간절히 소망하며 이 글을 쓰고자 한다. 아무쪼록 독자 여러분에게 큰 깨달음과 엄청난 큰 복이 임하기를 바란다.

목 — 차

추천사 …………………………………………………… 4
들어가며 ………………………………………………… 8

1장. 뜻을 세워라
하나님의 비경인 성경 ………………………………18
천지만물 창조하신 목적 ……………………………22
만복의 근원이신 하나님 ……………………………24
필자를 향한 하나님의 뜻과 사명 …………………33

2장. 말씀에서 답을 찾아라
성경, 왜 읽어야 하는가? ……………………………52
독자를 위한 기도문 …………………………………60
복음은 무엇인가 ………………………………………63
성경, 무엇에 중점을 두고 읽어야 하는가 …………80
성경, 어떻게 읽어야 하는가 …………………………94

3장. 믿음이 이기네

    하나님의 궤(櫃) ················· 106
    십자가의 도(道) ················· 118
    복음 일기(日記): YWAM Tyler Texas ········· 125
    미국과 미국교회에 고(告)함(기본으로 돌아가자!) ··· 132

4장. 대한민국과 한민족 비상의 원천, 성경

    위기를 기회로 ················· 152
    믿음의 조상 아브라함 ············· 160
    예수그리스도의 세계 ············· 172
    복음의 능력을 전한 사도들 ········· 175
    삼위일체 하나님 찬양 ············· 186

나가며 ································· 198

1장

뜻을 세워라

천지만물을 창조하신 하나님께서 인류에게 주신 가장 큰 선물은 말씀을 주신 것이다. 이 말씀으로 천지창조의 역사가 시작되고 인류 문명이 태동하여 인문학과 천문지리 등 자연과학과 사회과학이 발전하며 문화가 꽃을 피우게 됐다. 사람은 말씀을 떠나서 아무것도 할 수 없는 존재다. 왜냐하면 인간은 스스로 자기 존재를 확인할 수 없기 때문이다. 따라서 길이요 진리요 생명이신 하나님의 말씀으로 인도함을 받아야 내가 누구인지 어디서 와서 어디로 가는 존재인지 알 수 있다.

이 말씀이 곧 하나님이시며 신구약 성경 66권이다. "**태초에 말씀이 계시니라 이 말씀이 하나님과 함께 계셨으니 이 말씀은 곧 하나님이시니라**"(요1:1)고 하였다. 성경은 하나님의 말씀인 동시에 최고의 문학작품이며 최고의 인문학과 과학기술인 동시에 기가 막힌 예술작품이다. 누구나 하나님의 말씀인 성경을 읽고 묵상하여 삶에 적용하면 인생 대박이 난다. 본인만 대박이 나는 것이 아니라 자손만대나 복을 받는 길이다.

이는 천지가 개벽하는 일이요, 개천에서 용이 나는 일이요, 조상 때부터 내려온 사주팔자와 풍수지리의 얽매임과 그들의 노예로부터 해방으로 나갈 수 있는 길이다. 쉬운 말로 팔자 고치는 일이다. 하나님의 말씀이 능력이기 때문이다. 아울러 말씀을 묵상하여 삶에 적용하는 것은 마치 음식을 씹어 양분화 하는 것과 같다. 즉 묵상은 생각하는 힘을 기르는 동시에 성령 하나님의 도움으로 살아있는 하나님의 말씀이 삶의 현장에서 기적과 같은 변화를 일으키는 능력이다.

"하나님의 말씀은 살았고 운동력이 있어 좌우에 날선 어떤 검보다도 예리하여 혼과 영과 및 관절과 골수를 찔러 쪼개기까지 하며 또 마음의 생각과 뜻을 감찰하나니"(히4:12) 말씀이 곧 힘인 것이다. 즉 말씀이 지혜와 지식이며 권세와 능력인 것이다. 인간의 통찰력과 분별력과 상상력과 창의력 등 모든 것이 하나님의 말씀에서 나오기 때문이다. 하나님은 스스로 계신 분이며 처음과 나중이요 시작과 끝이며 알파와 오메가로 시간과 공간을 초월해 우리와 항상 함께 계시는 분이다. 아울러 하나님은 우리와 같은 인격체로 "그는 너희 앞서 행하시며 장막 칠 곳을 찾으시고 밤에는 불로, 낮에는 구름으로 너희의 행할 길을 지시하신 자니라"(신1:33) 즉 나와 함께 하시는 분이다.

하나님은 스스로 역사하신다. 이스라엘의 조상 야곱이 말년에 애굽의 바로를 축복한 말씀처럼 험악한 세월을 겪은 다윗도 임종을 앞두고 다음과 같이 하나님을 찬양하였다. 다윗이 하나님은 어떤 분인지 이보다 더 함축적으로 표현한 말씀은 없는 것 같다. 시편 18편 말씀의 총합이 이 말씀이라고 필자는 생각한다.

"여호와여 광대하심과 권능과 영광과 이김과 위엄이 다 주께 속하였사오니 천지에 있는 것이 다 주의 것이로소이다 여호와여 주권도 주께 속하였사오니 주는 높으사 만유의 머리심이니이다 부와 귀가 주께로 말미암고 또 주는 만유의 주재가 되사 손에 권세와 능력이 있사오니 모든 사람을 크게 하심과 강하게 하심이 주의 손에 있나이다"(대상29:11~12)의 말씀이다.

다윗은 밧세바를 범하는 뼈아픈 실수를 범했음에도 불구하고 모든 인류 가운데 하나님이 가장 사랑하고 신뢰한 전무후무한 위대한 인물이 되었다. 다윗과 관련한 성경 말씀이 이를 말해주고 있다. 특히 사무엘서와 역대기서, 시편의 말씀을 통해 다윗의 심중(心中)을 성찰해 보면 우리가 신앙생활을 어떻게 해야 하는지 많은 도움이 된다.

하나님의 비경인 성경

성경은 하나님의 비경(秘經)으로 누구나 쉽게 이해할 수 있는 책은 아니다. 따라서 필자는 이 책을 통하여 독자 여러분들이 행간 속에 숨어있는 하나님의 말씀의 비밀을 찾도록 길잡이의 역할을 할 것이다. 이는 필자가 이를 찾는 능력이 탁월한 것이 아니라 보혜사 성령 하나님, 그가 독자 여러분들에게 말씀의 비밀을 깨닫도록 하는 능력을 주기 때문에 하나님은 말씀과 성령을 통해 여러분들을 축복의 비밀의 현장으로 인도할 것이다.

"기록된바 하나님이 자기를 사랑하는 자들을 위하여 예비하신 모든 것은 눈으로 보지 못하고 귀로도 듣지 못하고 사람의 마음으로도 생각지 못하였다 함과 같으니라 오직 하나님이 성령으로 이것을 우리에게 보이셨으니 성령은 모든 것 곧 하나님의 깊은 것이라도 통달하시느니라"(고전2:9~10)고 말씀하셨기 때문이다. 즉 성령 하나님의 도움을 받아야 눈으로 보지 못하고 귀로도 듣지 못하는 말씀의 비밀을 깨달아 알 수 있다. 아울러 우리가 아무리 묵상을 하며 생각을 많이 한다 해도 성령님의 도움심이 없이는 한계에 봉착할 수밖에 없다. 그렇기 때문에 하나님의 깊은 것까지도 헤아리고 계시는 성령 하나님의 도우심이 절대적이다.

따라서 이 책은 '말씀과 성령'으로 천지만물을 창조하신 하나님의 비밀을 여러분들과 함께 나누려고 한다. "**태초에 하나님이 천지를 창조하시느니라**"(창1:1) 하나님은 말씀으로 천지만물을 창조하셨고 지금도 운행하고 계신다. 신구약 성경 66권의 말씀은 인간을 향하신 하나님의 끝없는 사랑과 공의의 기록이다. 하나님이 말씀으로 천지만물을 창조하신 것은 하나님과 인간을 위해서다. 천지창조 마지막 날 인간을 창조하시고 하나님은 심히 좋았더라고 말씀하셨기 때문이다.

하나님은 말씀으로 창조한 만물을 자녀들과 함께 누리고 소통하기를 원하시며 함께 사역하는 것을 기뻐하신다. 그러나 하나님의 의도와 달리 아담과 이브의 범죄로 인하여 악이 세상에 들어옴으로 공의의 하나님은 당신의 백성들을 죄로부터 구속하는 것을 우선으로 하셨다. 뿐만 아니라 만복의 근원이신 하나님은 우리에게 복 주시고 모든 싸움에서 이기게 하시고 승리하게 하셨다. 하나님은 당신의 자녀들에게 소망을 주시고 비전과 꿈을 주신다.

"하나님이 가라사대 말세에 내가 내 영으로 모든 육체에게 부어 주리니 너희의 자녀들은 예언할 것이요 너희의 젊은이들은 환상을 보고 너희의 늙은이들은 꿈을 꾸리라"(행2:17)고 하신다. 아울러 하나님은 우리를 흑암의 권세와 악한 영의 세력과 세상 주관자로부터 보호하시며 천군천사와 불 말과 불 병거를 주셔서 우리를 매일 매시간 변함없이 지키시며 바른 길로 인도하시는 평강의 왕이시다.

따라서 우리의 역할은 돌보시고 인도하시며 모든 것 주시는 하나님을 '찬양하는 것'과 '복음을 전하는 일'과 주기도문의 '우리에게 잘못한 자를 용서하고 포용하는 일'이다. 하나님은 당신이 창조하신 자녀들로부터 찬양받기를 원하시며 우리는 잘못한 사람을 심판하는 것이 아니라 용서하는 것이다. 심판은 하나님께 속하기 때문이다.

"할렐루야 그 성소에서 하나님을 찬양하며 그 권능의 궁창에서 그를 찬양할찌어다 그의 능하신 행동을 인하여 찬양하며 그의 지극히 광대하심을 좇아 찬양할찌어다 나팔소리로 찬양하며 비파와 수금으로 찬양할찌어다 소고치며 춤추어 찬양하며 현악과 퉁소로 찬양할찌어다 큰 소리 나는 제금으로 찬양하며 높은 소리 나는 제금으로 찬양할찌어다 호흡이 있는 자마다 여호와를 찬양할찌어다 할렐루야"(시150:1~6) 시편의 마지막 말씀이다.

특별히 하나님은 개인뿐만 아니라 공동체와 국가와 민족으로부터 찬양받으시는 것을 가장 기뻐하신다. 하나님은 미국의 아브라함 링컨 대통령이 아프리카에서 노예로 잡아온 흑인들을 남부의 농장에서 해방하여 전 미국인이 한 마음으로 하나님을 높이 찬양하는 것을 기쁘게 여기사 오늘날 미국을 세계의 초강대국으로 만드셨다.

자유민주주의 대한민국이 복음 통일하여 한 마음으로 하나님을 찬양하고 기뻐하면 세계의 중심국가로 일어설 것이다. 애국가의 가사로 말씀하시며 이미 이루셨고 머지않아 한반도는 남북이 자유민주복음통일이 될 것이다.

우리 민족이 하나님께 드려야 할 가장 중요한 것은 모든 민족에게 복음을 전하는 일이다. "예수께서 이르시되 하늘과 땅의 모든 권세를 내게 주셨으니 그러므로 너희는 가서 모든 족속으로 제자를 삼아 아버지와 아들과 성령의 이름으로 세례를 주고 내가 너희에게 분부한 모든 것을 가르쳐 지키게 하라 볼찌어다 내가 세상 끝 날까지 너희와 항상 함께 있으리라 하시니라"(마28:18~20)고 말씀하셨다.

예수께서 승천하시고 제자들에게 보혜사 성령이 임하여 여러 나라의 말로 방언하는 장면이 사도행전의 첫 머리에 나온다. 이는 모든 민족에게 각 나라의 방언으로 복음을 전하라는 예수님의 지상명령이다.

또 한 가지는 주기도문에 나와 있는 대로 나에게 죄지은 자를 용서하라는 말씀이다. "그 때에 베드로가 나아와 가로되 주여 형제가 내게 죄를 범하면 몇 번이나 용서하여 주리이까 일곱 번까지 하오리이까 예수께서 가라사대 네게 이르노니 일곱 번 뿐 아니라 일흔 번씩 일곱 번이라도 할찌니라"(마18:21~22)고 말씀하셨다. 인간에게 있어 가장 순종하기 어려운 말씀이 남을 용서하는 일일 것이다. 그럼에도 불구하고 오직 성령께서 힘을 주시면 용서할 수 있는 힘이 생긴다. 기도가 중요한 이유다.

"여호와의 자비와 긍휼이 무궁하시므로 우리가 진멸되지 아니함이니이다 이것이 아침마다 새로우니 주의 성실이 크소이다"(애3:22~23) 하나님은 우리의 지은 죄를 아침마다 매일 매일 용서하시는 분이기 때문에 우리도 용서해야 한다. 이렇듯 하나님이 원하시는 것은 당신이 찬양받으시는 것과 우리가 복음 전하는 일과 다른 사람을 용서하는 일이다. 그 중에서 하나님이 가장 기뻐하시는 것은 우리의 찬양을 받으시는 것이다. 개인은 물론 교회공동체와 한 국가와 한 민족으로부터 찬양을 받으시는 것을 가장 기뻐하신다.

하나님은 우리의 신앙이 견고하도록 사도신경, 주기도문, 십계명을 주셨다. 아울러 삼위일체 하나님을 찬송할 수 있도록 곡조 있는 말씀인 찬송가도 주셨다. 우리는 아무리 바빠도 하루에 한 번은 사도신경, 주기도문, 십계명과 찬송가 1곡을 전심으로 하나님께 드리자 할렐루야!

천지만물 창조하신 목적

하나님은 천지만물을 창조하셨을 뿐 아니라 마지막 날에 인간을 자신의 형상으로 창조하셨다. 왜 일까? 창세기 3장에 답이 나와 있다. "그들이 날이 서늘할 때에 동산에 거니시는 여호와 하나님의 음성을 듣고 아담과 그 아내가 여호와 하나님의 낯을 피하여 동산 나무 사이에 숨은지라 여호와 하나님이 아담을 부르시며 그에게 이르시되 네가 어디 있느냐 가로되 내가 동산에서 하나님의 소리를 듣고 내가 벗었으므로 두려워하여 숨었나이다"(창3:8~10)처럼 하나님이 아담과 하와를 창조하신 목적은 서로 대화하며 재미있게 놀고 즐기도록 창조하신 것임을 알 수 있다. 이처럼 하나님은 당신의 자녀들에게 사랑과 은혜를 주시고 끊임없는 소통과 자녀들의 필요를 채우시며 자녀들은 아버지께 감사 찬양하며 함께 즐기는 것을 원하신다. 소통이 바로 기도다.

아울러 하나님이 당신의 형상을 닮은 인간을 특별히 창조하신 이유는 바로 '복(福)'을 주시기 위함이다. 창세기 1장은 "하나님이 그들에게 복을 주시며 그들에게 이르시되 생육하고 번성하여 땅에 충만하라, 땅을 정복하라 바다의 고기와 공중의 새와 땅에 움직이는 모든 생물을 다스리라 하시니라"(창1:28)고 하셨다. 하나님께서 인간을 하나님의 형상으로 창조하시고, 생육하고 번성하여 땅에 충만하라 땅을 정복하고 하늘과 바다와 땅에 있는 모든 것을 다스리라는 복을 주신 것이다.

하나님은 홍수 심판 후에도 "하나님이 노아와 그 아들들에게 복을 주시며 그들에게 이르시되 생육하고 번성하여 땅에 충만하라"(창9:1)고 복을 주셨다. 이후 여호와 하나님은 갈대아 우르 지방의 아브람을 택하셔서 "여호와께서 아브람에게 이르시되 너는 너의 본토 친척 아비 집을 떠나 내가 네게 지시할 땅으로 가라 내가 너로 큰 민족을 이루고 네게 복을 주어 네 이름을 창대케 하리니 너는 복의 근원이 될찌라 너를 축복하는 자에게는 내가 복을 내리고 너를 저주하는 자에게는 내가 저주하리니 땅의 모든 족속이 너를 인하여 복을 얻을 것이니라 하신지라"(창12:1~3)고 본토친척 아비 집을 떠나 하나님의 말씀에 순종하면 복의 근원으로 삼으시겠다고 약속하였다. 즉 후손인 이삭과 야곱과 이스라엘 모든 족속을 택하셔서 복을 주시겠다고 약속하신 것이다.

시편 기자도 1편에서 복에 대한 명확한 진리를 선포하였다. "복 있는 사람은 악인의 꾀를 좇지 아니하며 죄인의 길에 서지 아니하며 오만한 자의 자리에 앉지 아니하고 오직 여호와의 율법을 즐거워하여 그 율법을 주야로 묵상하는 자로다 저는 시냇가에 심은 나무가 시절을 좇아 과실을 맺으며 그 잎사귀가 마르지 아니함 같으니 그 행사가 다 형통하리로다 악인은 그렇지 않음이여 오직 바람에 나는 겨와 같도다 그러므로 악인이 심판을 견디지 못하며 죄인이 의인의 회중에 들지 못하리로다 대저 의인의 길은 여호와께서 인정하시나 악인의 길은 망하리로다"(시1:1~6)의 말씀이다.

필자는 한동안 기도 중에 이 말씀을 붙잡고 묵상하면서 내 자신을 매일 성찰한 적이 있다. 오늘도 나는 악인의 꾀를 추구했는지 죄인의 길로 가지는 않았는지 오만한 태도로 살지는 않았는지 지금도 새벽기도 시간에 매일 자신을 성찰하며 회개하고 평가한다.

만복의 근원이신 하나님

'만복의 근원'이신 하나님은 당신의 사랑하는 자녀들에게 어떤 복을 주셨는지 약속한 말씀을 성경 속에서 찾아보기로 하자.

첫째, 하나님은 모든 인간을 죄로부터 '구원(救援)'하여 '자유(自由)'함을 주시고 '소망(所望)'을 주셨다. 최초의 인간인 아담과 하와는 하나님의 명령을 불순종함으로 선악과를 먹고 죄를 범한 이후 모든 인간은 누구도 예외 없이 죄의 본성을 가지고 이 땅에 태어난다. 그럼에도 불구하고 사랑과 긍휼이 많으신 하나님은 죄 없는 독생자 예수그리스도를 세상에 보내사 인간의 모든 죄를 지고 십자가에 못 박으심으로 이를 믿는 자마다 하나님의 자녀로 거듭날 수 있도록 은혜를 베푸셨다.

"하나님이 세상을 이처럼 사랑하시 독생자를 주셨으니 이는 저를 믿는 자마다 멸망치 않고 영생을 얻게 하려 하심이라"(요3:16)고 말씀하셨기 때문이다. 따라서 우리가 하나님의 자녀로 거듭나기 위해서는 예수그리스도를 나의 구세주로 영접해야 한다. "영접하는 자 곧 그 이름을 믿는 자들에게는 하나님의 자녀가 되는 권세를 주셨으니"(요1:12) 그렇다면 무엇을 어떻게 영접하는가? 하나님을 영접하는 방법은 나의 모든 죄를 사하신 예수그리스도를 내 마음의 문을 열고 '예수님 제 마음속으로 들어오세요'하고 입으로 시인하면 된다.

독자 여러분들은 이제부터 예수님을 믿기 때문에 하나님의 자녀로 거듭난 것이다. "볼찌어다 내가 문 밖에 서서 두드리노니 누구든지 내 음성을 듣고 문을 열면 내가 그에게로 들어가 그로 더불어 먹고 그는 나로 더불어 먹으리라"(계3:20)는 말씀으로 약속하셨기 때문이다. 영원토록 예수그리스도와 함께 동거하는 것이다. 이로써 우리는 하나님의 자녀로 거듭났다. 영적으로 다시 태어난 것이다. "내가 진실로 진실로 너희에게 이르노니 내 말을 듣고 또 나 보내신 이를 믿는 자는 영생을 얻었고 심판에 이르지 아니하나니 사망에서 생명으로 옮겼느니라"(요5:24)의 말씀으로 우리는 이를 믿음으로 죄로부터 영원히 구원받았음을 확인하였다. 이와 같이 믿음은 아주 단순한 것으로부터 출발한다.

빌립보 감옥의 간수가 바울에게 우리가 어떻게 하여야 구원을 받습니까 "가로되 주 예수를 믿으라 그리하면 너와 네 집이 구원을 얻으리라 하고"(행16:31)의 말씀대로 예수그리스도를 내 마음에 영접하고 믿으면 구원을 받게 된다. "그러므로 예수께서 자기를 믿는 유대인들에게 이르시되 너희가 내 말에 거하면 참 내 제자가 되고 진리를 알찌니 진리가 너희를 자유케 하리라"(요8:31~32)고 말씀하셨다. 이 말씀을 믿음으로써 우리는 자신을 얽매인 모든 죄악으로부터 자유 함을 얻게 된 것이다. "주는 영이시니 주의 영이 계신 곳에는 자유 함이 있느니라"(고후3:17)고 성경은 말씀하고 있다. 하나님의 영(성령)이 계신 곳은 어떠한 죄의 권세도 귀신도 어둠의 영과 악한 영도 범접할 수 없도록 우리의 영과 혼과 육으로 자유 함을 주신 것이다. 따라서 만왕의 왕, 만주의 주되신 예수그리스도를 믿는 모든 자는 자유 함이 있다. 만왕의 왕, 만주의 주되신 예수께서 세상을 이기셨기 때문이다.

다음은 '소망(所望)'을 주셨다. 예수그리스도의 이름이 우리의 소망이며, 만군의 여호와 하나님의 이름이 우리의 소망이기 때문이다. "베드로가 가로되 은과 금은 내게 없거니와 내게 있는 것으로 네게 주노니 곧 나사렛 예수그리스도의 이름으로 걸으라 하고 오른 손을 잡아 일으키니 발과 발목이 곧 힘을 얻고 뛰어 서서 걸으며 그들과 함께 성전으로 들어가면서 걷기도 하고 뛰기도 하며 하나님을 찬미하니"(행3:6~8). 예수그리스도의 이름이 바로 우리의 소망이기 때문이다.

"다윗이 블레셋 사람에게 이르되 너는 칼과 창과 단창으로 내게 오거니와 나는 만군의 여호와의 이름 곧 네가 모욕하는 이스라엘 군대의 하나님의 이름으로 네게 가노라 오늘 여호와께서 너를 내 손에 붙이시리니 내가 너를 쳐서 네 머리를 베고 블레셋 군대의 시체로 오늘날 공중의 새와 땅의 들짐승에게 주어 온 땅으로 이스라엘에 하나님이 계신 줄 알게 하겠고 또 여호와의 구원하심이 칼과 창에 있지 아니함을 이 무리로 알게 하리라 전쟁은 여호와께 속한 것인즉 그가 너희를 우리 손에 붙이시리라"(삼상17:45~47) 선포하며 다윗이 물매로 골리앗의 이마를 쳐서 죽이고 이스라엘이 승리하였다. 만군의 여호와 하나님의 이름이 우리의 소망이기 때문이다.

이뿐만 아니라 우리 마음속에 절망과 슬픔이 다가올 때 우리의 소망은 오직 삼위일체 하나님임을 기억하자. 하나님께 '도와주세요' 외치면 이길 수 있는 힘과 길을 주신다. '슬픈 마음 있는 사람'의 찬송 시다. 예수의 이름이 우리의 소망이기 때문이다.

슬픈 마음 있는 사람 예수 이름 믿으면, 영원토록 변함없는 기쁜 마음 얻으리
예수의 이름은 우리의 소망이요, 예수의 이름은 천국의 기쁨일세

거룩하신 주의 이름 너의 방패삼아라, 환난시험 당할 때에 주께 기도드려라

예수의 이름은 우리의 소망이요, 예수의 이름은 천국의 기쁨일세

존귀하신 주의 이름 우리 기쁨되도다, 주의 품에 안길 때에 기뻐 찬송부르리

예수의 이름은 우리의 소망이요, 예수의 이름은 천국의 기쁨일세

우리 갈길 다간 후에 보좌 앞에 나아가, 왕의 왕께 경배하며 면류관을 드리리

예수의 이름은 우리의 소망이요, 예수의 이름은 천국의 기쁨일세

둘째, 하나님은 우리를 모든 위험과 악한 세력으로부터 '보호(保護)'하시고, 바른 길로 '인도(因道)'하시는 복을 주셨다. 하나님은 우리를 천군천사와 불 말과 불 병거로 모든 악의 세력으로부터 '보호(保護)'하신다.

"하나님의 사람의 수종드는 자가 일찍이 일어나서 나가 보니 군사와 말과 병거가 성을 에워쌌는지라 그 사환이 엘리사에게 고하되 아아, 내 주여 우리가 어찌하리이까 대답하되 두려워하지 말라 우리와 함께 한 자가 저와 함께 한 자보다 많으니라 하고 기도하여 가로되 여호와여 원컨대 저의 눈을 열어서 보게 하옵소서 하니 여호와께서 그 사환의 눈을 여시매 저가 보니 불 말과 불 병거가 산에 가득하여 엘리사를 둘렀더라"(왕하6:15~17)고 말씀하였다.

북 이스라엘을 멸망시킨 앗수르의 군대가 유다를 침범하자 히스기야 왕이 기도했을 때 하나님은 불 말과 불 병거로 앗수르의 모든 군대를 진멸시킨 사건이 성경말씀에 기록되어 있다. "이 밤에 여호와의 사자가 나와서 앗수르 진에서 군사 십팔만 오천을 친지라 아침에 일찍이 일어나

보니 다 송장이 되었더라"(왕하19:35)고 기록하였다.

사도바울은 악한 세력으로부터 보호받기 위해 영적인 전쟁을 어떻게 해야 승리하는지 말씀하고 있다. "종말로 너희가 주 안에서와 그 힘의 능력으로 강건하여지고 마귀의 궤계를 능히 대적하기 위하여 하나님의 전신갑주를 입어라 우리의 씨름은 혈과 육에 대한 것이 아니요 정세와 권세와 이 어두움의 세상주관자들과 하늘에 있는 악의 영들에게 대함이라 그러므로 하나님의 전신갑주를 취하라 이는 악한 날에 너희가 능히 대적하고 모든 일을 행한 후에 서기 위함이라 그런즉 서서 진리로 너희 허리띠를 띠고 의의 흉배를 붙이고 평안의 복음의 예비한 것으로 신을 신고 모든 것 위에 믿음의 방패를 가지고 이로써 능히 악한 자의 모든 화전을 소멸하고 구원의 투구와 성령의 검 곧 하나님의 말씀을 가지라 모든 기도와 간구로 하되 무시로 성령 안에서 기도하고 이를 위하여 깨어 구하기를 항상 힘쓰며 여러 성도를 위하여 구하고 또 나를 위하여 구할 것은 내게 말씀을 주사 나로 입을 벌려 복음의 비밀을 담대히 알리게 하옵소서 할 것이니 이 일을 위하여 내가 쇠사슬에 매인 사신이 된 것은 나로 이 일에 당연히 할 말을 담대히 하게 하려 하심이니라"(엡6:10~20)고 말씀하였다.

이는 말씀 속에 엄청난 비밀이 다 녹아 있다. 성령의 검인 말씀과 성령의 역사인 기도의 비밀이 숨어 있는 것이다. 말씀과 기도와 행함 즉 순종함으로 하나님의 능력과 권세가 우리의 삶의 현장에서 나타나며 이루어짐으로써 승리를 기록한 것이다. 바울은 1, 2, 3차 전도여행을 통하여 이를 몸으로 직접 체험한 사도다. 무소부재하시고 전지전능하시며 지금도 살아 역사하시는 하나님은 시간과 공간을 초월하여 우리가 어디에 있든 무엇을 하든 항상 보호하시고 살피신다. 사도바울의 위대성이 가장 돋보이는 대목이다. 우리 모두 하나님의 전신갑주로 무장한 장군이 되자.

다음은 하나님의 '인도(因道)'함이다. 하나님은 모세의 지도로 이스라엘 민족이 출애굽하여 홍해를 건너고 반석에서 물을 내며 만나와 메추라기로 먹이시고 아말렉과 싸우며 40년간 광야를 인도하셨다. 특히 하나님은 모세에게 장인 이드로를 통하여 국가조직의 기반인 군사조직, 즉 천부장 제도를 주시고 시내산에서 헌법인 십계명을 친수하심으로 그들이 행할 바를 알려 주셨다. 전쟁과 재판은 하나님께 속해 있는 것이라 말씀하셨다.

요즘 재판이 공의롭지 못하고 더디다고 불평하지 말자. 재판은 하나님께 속해 있기 때문이다. 우리는 하나님의 공의를 믿고 처한 곳에서 함께 기도하는 것이다. 믿는 자의 모든 기도는 백퍼센트 응답하신다. 아울러 아스팔트 위에서 김일성 주체사상과 공산사회주의의 악한 영과 미혹의 영에 사로잡힌 자들과 싸우는 것도 매우 귀한 삶이라 생각한다. 이스라엘 민족은 낮에는 더위, 밤의 추위와 싸우면서 갈 바를 알지 못하고 헤매 일 때 오직 하나님의 인도함을 받았다. "그는 너희 앞서 행하시며 장막 칠 곳을 찾으시고 밤에는 불로, 낮에는 구름으로 너희의 행할 길을 지시하신 자니라"(신1:33)고 말씀하였다.

오늘날 우리 주변에는 수많은 사람들이 길을 잃고 방황한다. 젊은이는 물론 백발이 성성한 노인들까지 모두가 길을 잃고 헤매고 있다. 마음속에 진리가 없고 생명이 없기 때문이다. 예수그리스도께서 내 마음의 중심에 오시면 이 모든 문제가 한방에 해결된다. "예수께서 가라사대 내가 곧 길이요 진리요 생명이니 나로 말미암지 않고는 아버지께로 올 자가 없느니라"(요14:6)고 말씀하셨기 때문이다. 오직 예수그리스도가 우리의 길이요, 진리요, 생명으로 인도하는 구세주임을 선포한 것이다.

셋째, 하나님은 우리를 삶의 모든 현장에서 싸워 '이기게' 하시고 '승리(勝利)'하도록 복을 주셨다. 예수께서 잡히시기 전 마지막 밤에 제자들에게 이르시되 "이것을 너희에게 이름은 너희로 내 안에서 평안을 누리게 하려 함이라 세상에서는 너희가 환란을 당하나 담대하라 내가 세상을 이기었노라 하시니라"(요16:32)고 말씀하셨다.

사도 바울은 사랑하는 아들 디모데에게 그리스도의 충성된 군사의 삶을 다음과 같은 말씀으로 격려하였다. "네가 그리스도 예수의 좋은 군사로 나와 함께 고난을 받을찌니 군사로 다니는 자는 자기 생활에 얽매이는 자가 하나도 없나니 이는 군사로 모집한 자를 기쁘게 하려 함이라 경기하는 자가 법대로 경기하지 아니하면 면류관을 얻지 못할 것이며 수고하는 농부가 곡식을 먼저 받는 것이 마땅하니라"(딤전2:3~6)고 말씀하였다. 모든 싸움에서 승리하는 것이 그리스도인의 본분이요, 이미 이겨놓은 싸움이라는 말씀이다. 우리는 사도바울의 유언과도 같은 말씀을 명심하여 늘 자신을 되돌아보며 성찰하여 하나님 앞에서는 날까지 후회 없는 승리의 삶을 살아야 할 것이다.

"내가 선한 싸움을 싸우고 나의 달려갈 길을 마치고 믿음을 지켰으니 이제 후로는 나를 위하여 의의 면류관이 예비되었으므로 주 곧 의로우신 재판장이 그 날에 내게 주실 것이니 내게만 아니라 주의 나타나심을 사모하는 모든 자에게니라"(딤후4:7~8)고 말씀하였다. 우리 모두의 고백이 되어야 할 말씀이다.

넷째, 하나님은 우리를 어떠한 상황과 환경에서도 '평강(平康)의 삶'을 누리는 복을 주셨다.

"주께서 심지가 견고한 자를 평강에 평강으로 지키시리니 이는 그가 주를 의뢰함이니이다"(사26:3)고 약속하셨다. 하나님은 당신을 신뢰하고 의뢰하는 모든 믿는 자에게 평강을 주셨을 뿐 아니라 평안한 삶을 날마다 누리도록 졸지도 아니하시고 주무시지도 아니하시고 지키신다고 약속하신 것이다. 어느 신(神)이나 어느 인간(人間)이 이토록 우리를 사랑하시고 아끼시겠는가? 기가 막힌 약속의 말씀이다.

예수께서 부활하시고 무덤 밖에 서서 울고 있던 막달라 마리아에게 하신 말씀이다. "예수께서 오사 가운데 서서 가라사대 평강이 있을 찌어다 이 말씀을 하시고 손과 옆구리를 보이시니 제자들이 주를 보고 기뻐하더라 예수께서 또 가라사대 너희에게 평강이 있을 찌어다 아버지께서 나를 보내신 것 같이 나도 너희를 보내노라 이 말씀을 하시고 저희를 향하사 숨을 내쉬며 가라사대 성령을 받으라 너희가 뉘 죄든지 사하면 사하여질 것이요 뉘 죄든지 그대로 두면 그대로 있으니라 하시더라"(요20:21~23)고 평강을 주시고 성령을 주셨다. 예수께서 주신 것을 독자 여러분들은 받고 누리면 되는 것이다.

다섯째, 하나님은 우리 자녀들에게 기쁘고 즐겁고 '행복(幸福)'한 삶을 살도록 복을 주셨다.

하나님은 당신의 자녀들이 잔치 같은 인생, 소풍 같은 인생을 살기 원하신다. 험악한 고행 길도 아니며 무소유의 길도 아니다. 아버지는 이 땅에서도 당신의 자녀들이 천국 같은 삶을 살기를 원하신다. 아담과 이브에게 에덴동산을 주신 까닭이다.

하나님 아버지는 자녀들에게 "항상 기뻐하라 쉬지 말고 기도하라 범사에 감사하라 이는 그리스도 예수 안에서 너희를 향하신 하나님의 뜻이니라"(살전5:16~18)고 말씀하셨다. 최근 악한 영에 미혹되어 대한민국을 위기에 빠지도록 한 대통령 부부처럼 사주팔자나 풍수에 얽매이면 종국에는 사망에 이르게 된다. 그러나 성령 하나님은 인간을 생명과 기쁨의 삶으로 인도하신다. 이번 사건을 통하여 대통령 부부도 이들의 실체를 체험했을 것이다. 이들의 정체는 악한 결과만 만들어낼 뿐이다. 대통령 부부가 회개하고 하나님의 말씀으로 다시 돌아온다면 자비와 긍휼이 무궁하신 하나님은 이들을 용서하시고 위기를 기회로 만들어 주실 것이다. 할렐루야!

"도적이 오는 것은 도적질하고 죽이고 멸망시키려는 것뿐이요 내가 온 것은 양으로 생명을 얻게 하고 더 풍성히 얻게 하려는 것이다"(요10:10)고 말씀하셨기 때문이다. 만왕의 왕 만주의 주되신 삼위일체 하나님께서는 여러분들의 인생을 바른 길과 생명 길로 인도하실 뿐더러 여러분의 삶을 책임지신다. 우리의 삶은 너무 조급하여 노상 낙마와 패가망신의 길로 들어가서는 안 되는 것이다. 장기적인 플랜을 가지고 말씀의 성취를 인내하며 기다리는 것이 성공하는 삶이다. 나침판과 망원경을 가지고 천천히 소를 타고 가는 길이 무릉도원으로 가는 삶이다.

조급하여 자신의 인생을 사주팔자나 풍수에 의지하면 패가망신의 길로 들어서는 것이다. 내가 곧 길이요 진리요 생명 되신 예수그리스도께 묻고 구하고 찾으면 반드시 무릉도원으로 가는 삶이 찾아온다.

"구하라 그리하면 너희에게 주실 것이요 찾으라 그러면 찾을 것이요 문을 두드리라 그러면 너희에게 열릴 것이니 구하는 이마다 얻을 것이요 찾는 이가 찾을 것이요 두드리는 이에게 열릴 것이니라 너희 중에 누가 아들이 떡을 달라 하면 돌을 주며 생선을 달라 하면 뱀을 줄 사람이 있겠느냐 너희가 악한 자라도 좋은 것으로 자식에게 줄 줄 알거든 하물며 하늘에 계신 너희 아버지께서 구하는 자에게 좋은 것으로 주시지 않겠느냐"(마7:7~11)고 말씀하셨다.

우리의 삶을 잔치 같은 인생, 소풍 같은 인생으로 노래한 '이 세상 나그네 길을 지나는 순례자'의 찬양을 소개하겠다. 아무리 우리의 인생길이 비바람이 몰아쳐 칠흑같이 어둡고 깜깜하고 험해도 본향을 향하는 순례의 길이 얼마나 멋지고 아름다운가?

"이 세상 나그네 길을 지나는 순례자 인생의 거친 들에서 하룻밤 머물 때 인생의 거친 들에서 하룻밤 머물 때 환란의 궂은 비바람 궂은 비바람 궂은 비바람 모질게 모질게 불어도 천국의 순례자 본향을 향하여 천국의 순례자 본향을 향하네 이 세상 지나는 동안에 이 세상 지나는 동안에 괴로움이 심히 심하나 그 괴롬 인하여 천국보이고 늘 항상 기쁜 찬송 못 부르나 은혜로 이끄시네 생명 강 맑은 물가에 백화가 피고 흰 옷을 입은 천사 찬송가 부르실 때 영광스런 면류관을 받아 쓰겠네 이 세상 나그네 길을 지나는 순례자 인생의 거친 들에서 하룻밤 머물고 천국의 순례자 본향을 향하네 본향을 향하네"의 찬양이다.

필자를 향한 하나님의 뜻과 사명

필자는 하나님을 만나기 전에는 구체적인 꿈이나 소망이 없었다. 유년 시절에 특별한 목표나 뜻을 두고 어린 시절을 보낸 것이 아니라 자연을 벗 삼아 부모 형제들의 사랑가운데 별 다른 어려움 없이 평범하게 보냈다는 의미다. 지금 생각해 보면 하나님은 태초부터 내 인생에 개입하신 것 같다. 구체적인 간증은 뒤에서 하겠지만 충청도 홍성에서 고등학교를 졸업하고 대학진학 실패로 서울의 대성학원 서울대종합 반에서 재수함으로써 사관학교에 수석으로 입학하게 되었으며 훈련이 너무 힘들어 난생 처음 교회에 나가기로 결심했다.

임관 후 사관학교 교수요원으로 선발되어 경북대학교에서 공부할 때 내비게이토 성경공부에 참여하면서 예수님이 나의 구세주심을 믿게 되었다. 예수그리스도를 나의 구세주로 인정하고 인격적으로 하나님을 만난 것이다. 이때부터 말씀과 기도와 전도와 행함 있는 삶을 위한 소망이 생겼다. 그러나 현실에서는 군 생활을 계속해야 할지 말지 고민하다 임관 후 십년 만에 소령 진급과 동시에 육군대학 정규과정에 합격하고서 비로소 국가와 군을 위해 평생을 헌신하기로 작정했다. 뜻을 세운 것이다.

세계선교 비전을 갖게 된 동기는 다음과 같다. 1979년 대학교 여름방학에 참가했던 내비게이토 전국 수련회에서 '너희는 가서 모든 족속으로 제자를 삼으라'는 주제 말씀이 내 마음에 훅 들어왔다. 필자는 이때부터 부모형제와 장병들에게 복음을 전했으며 군목들과 함께 군 선교 현장에서 복음을 전했다. "예수께서 나아와 일러 가라사대 하늘과 땅의 모든 권세를 내게 주셨으니 그러므로 너희는 가서 모든 족속으로 제자를 삼아 아버지와 아들과 성령의 이름으로 세례를 주고 내가 너희에게 분부한 모든 것을 지키게 하라 볼찌어다 내가 세상 끝 날까지 너희와 항상 함께 있으리라 하시니라"(마28:18~20)는 말씀 때문이다.

동부전선에서 대대장 보직을 마치고 사단 참모를 하던 어느 해 내 나이 불혹임을 깨닫고 길이요 진리요 생명 되신 예수님을 좀 더 잘 믿어야겠다고 뜻을 세웠다. 진리를 찾았기 때문이다. 필자는 예수 믿고 한동안 가정에서 성경을 읽고 QT를 하다가 어떤 계기로 소령 때부터 매일 새벽기도를 시작했는데 기도할 때마다 모든 족속에게 복음을 전하라는 마 28:19~20의 말씀이 하루도 내 마음을 떠나지 않았다. 날마다 새벽기도 시간에 먼저 이 말씀을 암송하여 묵상하고 가정과 부대와 군에 필요한 기도를 하였다. 한미연합군사령부에서 장군으로 진급하고 서부전선의 포병여단장 보직 중에 자식을 위해 평생을 농사일하다 소천하신 부친의 근면함을 본 받아서 농사일 대신 매일 독서하는 데 뜻을 세웠다.

사단장 시절은 새벽기도 중에 복음통일과 더 큰 대한민국에 대한 꿈과 비전이 생겼다. 기도의 관점도 바뀌었다. 나와 부대를 중심으로 기도하던 것을 하나님 아버지 관점에서 세상을 바라보며 기도하다 보니 세계선교에 대한 구체적인 꿈과 목표가 생겼다.

지난 세월을 돌이켜 보면 하나님께서 필자에게 특별한 복을 주신 것 같다. 초급 장교 때 예수그리스도를 마음에 영접하고 이때부터 말씀을 읽고 외우고 삶에 적용하는 훈련을 했다. 소령 때부터 본격적으로 새벽기도를 드리기 시작했다. 새벽기도의 능력은 실로 엄청난 파워와 은혜를 경험하는 계기가 됐고 오늘의 나를 만들었다.

이를 통해서 하나님께서는 부족한 필자를 육군소장으로 진급하게 하셨고 전역 후 늦은 나이에 정치학 박사학위를 취득하게 하셨으며 육군정책연구위원과 한국연구재단의 초빙교수, 지자체 민군협력자문관으로 일하게 하셨다. 지금은 방산수출업체의 고문으로 회사대표와 함께 5대양 6대주를 누비며 비지니스를 하고 있다. 사도바울과 같이 자비량으로 '킹덤스 비즈니스'를 하고 있는 것이다.

하나님이 우리 민족에게 주신 선교 비전과 목표는 10만 명의 선교사와 100만 명의 자비량 선교사를 모든 족속에게 보내 복음을 전하는 것이다. 필자는 두 분 목사의 간증을 통해서 이 명령을 하나님이 우리 민족에게 주신 선교 목표로 받았다. 성령께서 역사하셨기 때문이다.

필자는 이 목표를 위해서 하나님 앞에 서는 날까지 나의 달려갈 길과 사명이라고 믿고 행할 것이다. "내가 선한 싸움을 싸우고 나의 달려갈 길을 마치고 믿음을 지켰으니 이제 후로는 나를 위하여 의의 면류관이 예비되었으므로 주 곧 의로우신 재판장이 그 날에 내게 주실 것이니 내게만 아니라 주의 나타나심을 사모하는 모든 자에게니라"(딤후4:7~8)는 말씀이다.

하나님 앞에 서는 날까지 믿음을 끝까지 지키는 일이 어렵고도 가장 중요하다고 생각한다. 이는 초급장교 시절부터 성령 하나님의 도우심으로 예수그리스도를 나의 구세주로 영접하고 전지전능하시고 살아계신 하나님 아버지와 소통한 이래 지금까지의 나의 삶이 말해주고 있다. 앞으로도 마찬가지라 생각한다. 선 줄로 생각하면 넘어질까 조심하며 끝까지 믿음을 지키는 일이 중요하다는 생각이다. 이 모든 것은 1979년 여름 예수그리스도를 인격적으로 만남으로부터 성령 하나님께서 부족한 나를 이끄신 결과라 생각하며 매일 감사 찬양하며 살아가고 있다.

하나님은 당신의 자녀들에게 멋진 삶을 누리도록 말씀과 성령을 주셨다. 필자는 신구약 성경 66권을 큰 틀에서 보면 구약성경은 말씀, 신약성경은 성령의 역사로 구분할 수 있겠다는 생각을 해본다. 이를 더 축약하면 하나님의 말씀이다. 왜냐하면 말씀이 충만하면 성령이 충만하고 성령이 충만하면 말씀이 충만하기 때문이다.

이 땅에 오신 예수께서 본을 보이신 것은 모든 족속을 사랑하신 일이다. "예수께서 온 갈릴리에 두루 다니사 저희 회당에서 가르치시며 천국복음을 전파하시며 백성 중에 모든 병과 모든 약한 것을 고치시니"(마 4:23)의 삶을 사셨다. 즉 말씀을 가르치시고 천국복음을 전파하시며 병든 자와 약한 자를 고치신 것이다. 모든 믿는 자가 그대로 본 받아야 할 말씀이다.

신약성경을 큰 틀에서 성령의 역사로 볼 수 있는 것은 예수님과 사도들 특히 사도바울의 행적 때문이다. 바울은 다메섹 도상에서 성령의 역사로 예수그리스도를 만남으로 회심하여 이후부터 성령께서 인도하신 대로 순종하며 살았으며 그의 행적을 편지로 기록하여 예루살렘 총회에도 보냈다. 이를 계기로 베드로를 비롯한 사도들도 바울의 서신 서를 본 받아 각 자에게 역사하시는 성령 하나님의 말씀을 기록하였고 동시에 제자들도 성령이 충만하여 예수그리스도의 행적을 더듬어 마태와 마가 누가와 요한이 복음서를 기록한 것으로 추측해 볼 수 있다. 이는 복음서와 서신서의 기록한 연대와 말씀을 보면 알 수 있다. "그 후 삼년 만에 내가 게바를 심방하려고 예루살렘에 올라가서 저와 함께 십오일을 유할쌔 주의 형제 야고보 외에 다른 사도들을 보지 못하였노라"(갈1:18~19)의 말씀과 1차 전도여행 후에 예루살렘 총회에 참석했을 때의 말씀이다.

"십사 년 후에 내가 바나바와 함께 디도를 데리고 다시 예루살렘에 올라 갔노니 계시를 인하여 올라가 내가 이방 가운데서 전파하는 복음을 저희에게 제출하되 유명한 자들에게 사사로이 한 것은 내가 달음질하는 것이나 달음질한 것이 헛되지 않게 하려 함이라"(갈2:1~2)는 말씀을 통해서 이를 유추해 볼 수 있다. 이런 면에서 기독교의 역사에 있어 사도바울의 역할은 엄청나다. 사도바울이 기독교를 창시했다고 할 수 있을 정도다. 물론 이 모든 것은 하나님 아버지와 독생자 예수그리스도와 성령 하나님의 역사로 이루어졌다.

　필자도 사도행전의 말씀에 사로잡혀 오늘에 이르렀고 앞으로도 바울의 고백처럼 "나의 달려갈 길과 주 예수께 받은 사명 곧 하나님의 은혜의 복음전함을 일을 마치려 함에는 나의 생명을 조금도 귀한 것으로 여기지 아니하노라"(행전20:24)는 말씀이 나의 고백이 되기를 바란다. 이는 사도바울이 1, 2, 3차 전도여행을 모두 마치고 성령께서 바울을 로마로 보내 예수께서 행하신대로 천국복음을 로마제국에 전파하고자 에베소의 장로들을 불러 고별 설교를 한 핵심 말씀이기도 하다.

　"나의 달려갈 길과 주 예수께 받은 사명 곧 하나님의 은혜의 복음 증거하는 일을 마치려 함에는 나의 생명을 조금도 귀한 것으로 여기지 아니하노라"(행20:24) 말씀이 우리 모두의 고백이 되기를 간절히 사모하고 원한다. 하나님 아버지가 가장 기뻐하시는 일이기 때문이다. 이를 위해 바울은 복음을 위해서 결혼도 하지 아니하고 온갖 고생과 목숨 바쳐서 예수그리스도는 하나님의 아들임을 전파한 인물이다.

　바울은 생의 마지막 끝자락인 로마 감옥에서 아들처럼 사랑한 디모데에게 쓴 말씀이 디모데서다. 마지막 고백임과 동시에 우리에게 주신 하나님의 명령이다. 모든 믿음의 군사들이 수행해야 할 야전사령관의 명령인 것이다.

　"너는 말씀을 전파하라 때를 얻든지 못 얻든지 항상 힘쓰라 범사에 오래 참음과 가르침으로 경책하며 경계하며 권하라 때가 이르리니 사람이 바른 교훈을 받지 아니하며 귀가 가려워서 자기의 사욕을 좇을 스승을 많이 두고 또 그 귀를 진리에서 돌이켜 허탄한 이야기를 좇으리라 그러나 너는 모든 일에 근신하여 고난을 받으며 전도인의 일을 하며 네 직무를 다하라 관제와 같이 벌써 내가 부음이 되고 나의 떠날 기약이 가까왔도다 내가 선한 싸움을 싸우고 나의 달려갈 길을 마치고 믿음을 지켰으니 이제 후로는 나를 위하여 의의 면류관이 예비되었음으로 주 곧 의로우신 재판장이 그 날에 내게 주실 것이니 내게만 아니라 주의 나타나심을 사모하는 모든 자에게니라"(딤후4:2~8)의 말씀이다.

선한 싸움을 싸우고 나의 달려갈 길을 마치고 하나님 앞에 서는 날까지 끝까지 믿음을 지키는 일이다. 성경 말씀을 받은 우리가 먼저 해야 할 역할은 말씀과 기도와 행함 있는 삶이며 한반도는 물론 5대양 6대주를 다니며 복음을 전하는 일이다. 한 손에는 성경말씀을 들고 또 다른 한 손에는 장막 지을 도구(전문성, 달란트)를 가지고 땅 끝까지 복음을 전하는 삶이다. 하나님이 앞서 행하시고 거할 장막 집을 찾으시고 낮에는 구름기둥으로 밤에는 불기둥을 인도하시기 때문이다. 이겨놓은 싸움이다.

하나님은 우리를 당신의 자녀로 삼으시고 "오직 너희는 택하신 족속이요 왕 같은 제사장들이요 거룩한 나라요 그의 소유된 백성이니 이는 너희를 어두운데서 불러내어 그의 기이한 빛에 들어가게 하신 자의 아름다운 덕을 선전하게 하려 하심이라"(벧전2:9)의 말씀으로 우리의 정체성을 부여하셨다.

인류 역사상 하나님의 마음에 합하며 하나님께서 가장 아끼고 사랑하시고 높이신 다윗 왕의 시를 묵상하면 성경 말씀이 얼마나 위대한 하나님의 말씀인지 나의 힘이 되신 여호와, 나의 복의 근원이신 하나님이신지 선포하며 시편 18:1~2과 23편의 말씀으로 여러분들이 뜻을 세우는 데 도움을 드리고자 한다.

"나의 힘이 되신 여호와여 내가 주를 사랑하나이다 여호와는 나의 반석이시요 나의 요새시요 나를 건지시는 자시요 나의 하나님이시요 나의 피할 바위시요 나의 방패시요 나의 구원의 뿔이시요 나의 산성이시로

다"(시18:1~2)

"여호와는 나의 목자시니 내가 부족함이 없으리로다 그가 나를 푸른 초장에 누이시며 쉴 만한 물가로 인도하시는도다 내 영혼을 소생시키고 자기 이름을 위하여 의의 길로 인도하시는도다 내가 사망의 음침한 골짜기로 다닐찌라도 해를 두려워하지 않을 것은 주께서 나와 함께 하심이라 주의 지팡이와 막대기가 나를 안위하시나이다 주께서 내 원수의 목전에서 상을 베푸시고 기름으로 내 머리에 바르셨으니 내 잔이 넘치나이다 나의 평생에 선하심과 인자하심이 정녕 나를 따르리니 내가 여호와의 집에 영원히 거하리로다"(시23:1~6)

2장

말씀에서 답을 찾아라

하나님의 말씀은 산소나 전파와 같이 눈에 보이지는 않으나 개인의 인생사뿐 아니라 가정과 사회와 국가의 흥망성쇠는 물론 우주 만물과 온 세계를 다스리고 통치하시는 권세와 능력이 있다. 창조주 하나님의 말씀이 바로 권세와 능력인 까닭이다. 하나님은 말씀으로 천지만물을 창조하셨다. 성경은 우주 만물의 질서는 물론 어둠과 악한 영과 사후(死後)세계까지 하나님의 섭리 가운데 운행하고 다스리시는 하나님의 말씀이다.

하나님은 우리의 작은 신음소리부터 광대한 우주의 모든 질서와 음부의 세계까지 통치하시고 다스리신다. "예수께서 나아와 일러 가라사대 하늘과 땅의 모든 권세를 내게 주셨으니 그러므로 너희는 가서 모든 족속으로 제자를 삼아 아버지와 아들과 성령의 이름으로 세례를 주고 내가 너희에게 분부한 모든 것을 가르쳐 지키게 하라 볼찌어다 내가 세상 끝날까지 너희와 항상 함께 있으리라 하시니라"(마28:18~20)고 말씀하셨다.

하나님은 하늘과 땅의 모든 권세와 능력을 독생자(獨生子)신 예수그리스도께 주셨으니 이제 우리의 역할은 모든 민족에게 가서 아버지와 아들과 성령의 이름으로 즉 삼위 하나님의 이름으로 세례를 주고 가르쳐 지키게 하라는 말씀이다.

예수그리스도의 수제자이며 예수님이 가장 아끼고 사랑한 제자인 사도요한은 "태초에 말씀이 계시니라 이 말씀이 하나님과 함께 계셨으니 이 말씀은 곧 하나님이시니라 그가 태초에 하나님과 함께 계셨고 만물이 그로 말미암아 지은 바 되었으니 지은 것이 하나도 그가 없이는 된 것이 없느니라"(요1:1~3)고 기록하였다. 즉 말씀이 예수그리스도시며 예수그리스도가 하나님과 함께 능력과 권세로 천지만물을 창조하셨다는 것이다. 따라서 삼위 하나님인 아버지와 우리의 구세주신 예수그리스도와 우리를 보호 인도 교통하시며 감화 감동을 주시는 보혜사 성령 하나님이 한 분(일체)이심을 믿어야 하는 이유다. 태초부터 함께 계셨기 때문이다.

만군의 여호와 하나님의 이름이 능력과 권세이며 나사렛 예수그리스도의 이름이 능력과 권세이고 보혜사 성령 하나님의 이름이 능력과 권세인 까닭이다. 이름이 존귀하고 능력과 생명이 있기 때문이다. 십계명의 3계명인 하나님의 이름을 망령되이 함부로 부르면 안 되는 이유다.

삼위일체의 이해를 돕기 위해서 삼위일체가 한 몸인 직분이 있다. 6.25전쟁 후 한반도에 자유와 평화를 위해 한미방위조약을 바탕으로 설치된 한미연합사령관이 바로 삼위일체의 직책을 가진 분이다. 한미연합사령관은 유엔군사령관을 겸하는 동시에 주한미군사령관을 겸하는 직책이다. 한 분이 세 가지 직책을 동시에 수행하는 것이다. 삼위일체 하나님은 성부 하나님 성자 하나님 성령 하나님이 한 분으로 늘 함께 하시지만 시대에 따라 하신 역할을 보면 재미있다는 생각이 든다. 즉 구약시대는 하나님 아버지께서 주체적으로 전면에서 일하셨고 신약시대의 공생애 3년은 예수그리스도께서 전면에 나와서 주체적으로 역사하셨다. 예수께서 십자가를 지시고 부활승천하시면서 보혜사 성령을 보내신 이후 지금까지 성령 하나님이 주체적으로 전면에서 역사하신다는 생각이다. 한 분 하나님이 전면에서 일하실 때 나머지 두 분의 하나님은 늘 함께 하시며 같이 역사하시는 것이다.

전쟁 시 마치 전방에서 싸우는 지휘관을 후방에 있는 지휘관들이 역할에 따라 싸우기도 하며 지원하기도 하는 것과 유사한 개념이다. 즉 같은 전장에서 직접 함께 싸우기도 하며 전투로 지원할 수 있고 전투근무로 지원할 수 있다는 개념이다. 마귀가 한 길로 왔다가 일곱 길로 도망갈 수밖에 없는 구조이며 이겨놓고 싸우는 구조. 믿는 자들은 상천하지의 유일하신 삼위일체 하나님이 함께 하시므로 날마다 승리하는 삶이 보장된 것이다. 이 세상의 삶도 천국이며 저 세상의 천국에서도 영원히 삶이 보장되는 것이다. 삼위일체 하나님을 믿는 자들의 특권이다.

앞으로도 성령 하나님은 주도적으로 전면에서 싸우시며 이는 예수그리스도께서 다시 오실 때까지 계속될 것이다. 성령 하나님의 역사가 중요한 이유다. 그럼에도 불구하고 이 시간에도 하나님 아버지와 우리 주 예수그리스도께서는 만군의 여호와의 이름으로 승리하시며 나사렛 예수그리스도의 이름으로 우리를 도와서 승리하게 하신다. 하나님과 예수님의 이름이 힘과 능력의 원천이며 '승리'는 물론이요 '길이요 진리요 생명'이기 때문이다. 하나님의 말씀인 성경이 권능이 있기 때문에 우리도 하나님의 말씀을 선포하면 병든 자와 약한 자가 치료되며 모든 문제가 해결되고 천국복음이 전파되는 것이다.

"하나님의 말씀은 살았고 운동력이 있어 좌우에 날선 어떤 검보다도 예리하여 혼과 영과 관절과 골수를 찔러 쪼개기까지 하며 또 마음의 생각과 뜻을 감찰하나니 지으신 것이 하나라도 그 앞에 나타나지 않음이 없고 오직 만물이 우리를 상관하시는 자의 눈앞에 벌거벗은 것같이 드러나느니라"(히4:12~13)고 하셨기 때문이다.

모세가 이스라엘 민족을 이끌고 출애굽 하여 광야생활을 통과하고 젖과 꿀이 흐르는 가나안 땅이 보이는 모압 평지에 도착하여 지금까지 하나님께서 어떻게 이들을 인도하셨는지 회고한 말씀이 신명기다.

"너희 앞서 행하시는 너희 하나님 여호와께서 애굽에서 너희를 위하여 너희 목전에서 모든 일을 행하신 것 같이 이제도 너희를 위하여 싸우실 것이며 광야에서도 너희가 당하였거니와 사람이 자기 아들을 안음같이 너희 하나님 여호와께서 너희의 행로 중에 너희를 안으사 이곳까지 이르게 하셨느니라 하나 이 일에 너희가 너희 하나님 여호와를 믿지 아니하였도다 그는 너희 앞서 행하시며 장막 칠 곳을 찾으시고 밤에는 불로, 낮에는 구름으로 너희의 행할 길을 지시하신 자니라"(신1:30~33)고 하였다.

한 마디로 모든 주권(主權)은 하나님께 있다는 체험적인 신앙을 고백한 말씀이다. 하나님의 말씀이 앞서 행하시고 장막 칠 곳을 찾으시고 불과 구름으로 이들을 인도하셨기 때문이다. 이 모든 것을 알게 하시고 믿게 하시는 분이 예수그리스도시며 우리 마음에 내주하시는 성령 하나님이시다. 성령 하나님은 각 개인의 삶 속에서 역사하시며 하나님 아버지와 우리 주 예수그리스도와 교통하시며 성도 간에 교통을 돕고 계신 분이다.

21세기에 살고 있는 우리는 성령 하나님께서 주체적으로 전면에서 일하고 계신 것을 알아야 한다. 성령 하나님은 여전히 앞서 행하시고 장막 칠 곳을 찾으시고 우리를 불과 구름으로 인도하시기 때문이다. 성령님을 강조하기 위해서 여러분께 말씀을 드리는 것이다. 매일 아침마다 잠에서 깨면 성령 하나님께 문안 인사를 드려보자. 천지개벽의 일이 일어날 것이다. 하나님의 말씀은 천지에 충만하시며 처음과 나중이요 시작과 끝이며 알파와 오메가다. 하나님의 말씀은 개인과 국가와 민족의 흥망사는 물론 우주의 질서와 음부의 사망 권세를 다스리고 있기 때문에 우리가 하나님의 말씀인 신구약 성경을 읽고 마음 판에 새겨야 하는 이유다. 이는 불교의 윤회사상과는 다르다. 하나님은 처음이자 마지막이기 때문이다.

필자가 기독교를 우리 민족에게 익숙한 유교의 음양오행(陰陽五行)으로 해석해 보면 음양(太極)은 하늘(天)과 땅(地)의 만물을 지으신 하나님으로 표현되며 오행은 화수목금토로 피조물인 인간으로 표현이 가능할 것 같다. 이는 화(불)와 수(물)에 해당하는 영혼과 목금토에 해당하는 육으로 만들어진 인간이 중심이 되어 영혼으로 표현되는 물(水)과 불(火)로 인하여 나무(木)를 태우고 씻기며 금속(金)을 녹여 마침내 영혼은 하늘로 올라가고 육신의 모든 것은 흙(土)으로 돌아가는 음양과 오행의 조합으로 인생의 생사화복과 국가의 흥망성쇠를 해석하는 것으로 짐작된다.

중심되신 예수그리스도가 없는 그 어떠한 사술과 요술도 이에 미혹되면 역사가 말해 주듯이 패가망신의 길이요 국가적인 수치며 망국의 길로 떨어진다. 구한말 선교사들의 기록을 보면 고종황제와 민비는 사주팔자와 풍수지리에 심하게 빠졌던 것 같다. 특히 민비는 130여 명의 무당을 궁궐에 상주시키고 매일 점을 보며 굿을 하여 고종과 함께 국정을 이에 의존했다고 한다. 이는 우리에게 시사하는 바가 크다. 자유민주주의 대한민국은 이승만 대통령의 기독입국과 박정희 대통령은 새마을 운동과 미신 타파, 군의 신앙전력화에 진력했다. 21세기 대한민국의 지도자들이 유념해야 할 말씀이다. 특히 정치가나 기업가, 부자들이 조심해야 할 일이다. 미신은 하나님을 배반할 뿐만 아니라 필연적으로 나라 망신과 국격의 추락을 가져온다. 개인과 가정도 패가망신의 길로 들어서게 한다. 귀신은 사람을 절대적으로 해롭게 하는 존재다.

이에 반하여 창조주 하나님은 만복의 근원이시며 사랑과 공의가 충만하신 분이다. 하나님은 전지전능하시며 지금도 살아서 우리를 보호 인도하시며 세상의 빛과 소금의 역할을 담당하도록 도우시는 분이다. 날마다 우리의 삶을 아름답게 하시며 감사와 감탄과 감동을 주시는 분이다. 성경 말씀이 곧 하나님이다.

사주명리학은 생의 전반적인 운명을 점치는 것으로 비과학적으로 불분명하고 저마다의 해석이 다르고 기준이 없어 한번 맞췄다고 사주팔자에 빠지면 자유를 잃고 얽매이게 된다. 다시 한번 강조하지만 패가망신의 길임을 알아야 한다. 역학은 죽어있는 경전이기 때문이다. 이에 더하여 무속 즉 귀신이 개입하면 전입가경(轉入伽經)이 된다. 아주 패가망신의 지름길로 들어서는 것이다. 개인과 가정에 문제가 있으면 전지전능하시며 살아서 역사하시는 만왕의 왕, 만주의 주되신 창조주 하나님께 돌아오면 된다.

여러분 자신에 약한 것과 문제가 있으면 성경 말씀에서 답을 찾으라. 행전 1장 첫머리에 때와 기한은 아버지께서 자신의 권한에 두셨기 때문에 너희의 알바 아니라고 성경은 분명히 말씀하고 있다. 주권(主權)은 하나님께 있기 때문이다. 특별히 시편 139편의 말씀을 읽고 깨닫기 바란다. 특히 국가의 지도자들이 여기에 얽매이면 개인과 가정은 물론 나라가 망하고 사업체가 망하는 지름길임을 명심하기 바란다. 이와 유사한 사례가 성경에 기록되어 있다. 바로 사울 왕이다. 이스라엘 백성 중에서 사울 왕처럼 유능하고 용모가 준수한 왕은 없었다고 성경은 기록하고 있으나 하나님은 인간적으로 위대했던 사울 왕을 폐하시고 다윗을 왕으로 삼으셨다. 그 이유는 다음과 같다.

"사울이 죽은 것은 여호와께 범죄하였음이라 저가 여호와의 말씀을 지키지 아니하고 또 신접한 자에게 가르치기를 청하고 여호와께 묻지 아니하였으므로 여호와께서 저를 죽이시고 그 나라를 이새의 아들 다윗에게 돌리셨더라"(대하10:13~14)고 기록하고 있는 것이다.

성경은 예수께서 요단강에서 세례를 받으실 때 성령이 비둘기처럼 내려오셨으며 사도들이 모여서 기도할 때 불의 혀같이 갈라지는 모습으로 나타났다고 기록하고 있다. 이는 성령이 물(水)과 불(火)로 나타나심을 알 수 있다. 특히 성경에서 물은 노아의 홍수와 홍해수와 요단강과 갈릴리 호수로 이는 구원의 강물로 상징된다고 볼 수 있다.

성령의 불과 성령의 물로 우리 육신의 더러운 것들을 태우고 씻어 온전한 모습으로 성령의 은사를 받아 성령의 열매를 맺어 하나님께 영광을 돌리며 감사 찬양하는 삶이 아름답다. 이 시대에 성령 하나님의 역사를 체험하는 것이 중요한 이유다. 성령의 열매는 사랑과 희락과 화평과 오래 참음과 자비와 양선과 충성과 온유의 인격이다.

독자 여러분들에게 이러한 하나님의 말씀의 권세와 능력의 비밀을 알려주었음에도 하나님의 이름을 망령되이 부르고 성경 말씀을 읽지 않는다면 여러분들은 바보이거나 정신이 이상한 자임에 틀림이 없다. 왜냐하면 하나님은 여러분들의 양심에 이와 같은 이치를 깨달을 수 있도록 설계하셨기 때문이다. "창세로부터 그의 보이지 아니하는 것들 곧 그의 영원하신 능력과 신성이 그 만드신 만물에 분명히 보여 알게 되나니 그러므로 저희가 핑계치 못할찌니라"(롬1:20)고 말씀하고 있는 것이다.

  이 글은 하나님의 말씀인 성경을 왜 읽어야 하는지 그 이유를 설명한 입문서다. 여러분들이 성경을 혼자서 읽을 수 있으나 하나님은 어떤 분이며 삼위일체 하나님은 누구신지 큰 개념을 알고 성경을 읽으면 많은 도움이 될 것이다. 성령 하나님이 여러분들에게 성경 말씀을 깨닫게 하여 말씀이 여러분들의 삶에서 역사하시도록 이 글이 길잡이가 되어줄 것이다. 왜냐하면 성령님이 도우시면 누구나 하나님의 말씀을 깨달을 수 있기 때문이다. 성령은 하나님의 깊은 것이라도 깨달을 수 있는 보혜사이다. "오직 하나님이 성령으로 이것을 우리에게 보이셨으니 **성령은 모든 것 곧 하나님의 깊은 것이라도 통달하시느니라**"(고전2:10)고 말씀하셨다.

  신앙생활은 크게 보면 성경 말씀과 성령 하나님의 역사하심의 두 축으로 이루어진다고 볼 수 있다. 우리의 삶에서 기도함으로 성령 하나님의 역사하심이 나타나며 이것은 바로 개인의 간증이 된다. 삶의 현장에서 나타나는 모든 문제가 해결될 뿐만 아니라 좋은 것으로 역사하시는 하나님의 구체적인 사랑을 체험할 수 있기 때문이다. 하나님의 말씀과 성령 하나님이 우리 삶에서 역사할 때 말씀의 권세와 능력이 나타난다. 이는 개인과 가정이 잘 되며 사회와 국가가 부흥하는 길이다.

  목회자나 평신도의 말씀에 간증이 없으면 앙꼬 없는 빵과 같다. 말씀과 기도로 삶의 현장에서 성령의 역사인 간증은 누구에게나 있기 때문이다. 현장에 나가기 전에 기도함으로써 성령의 역사는 시작되고 일어난다. 하나님을 믿는 백성은 현장에 나가 일을 하거나 사람을 만나기 전에 반드시 기도해야 한다. 성령님이 역사하시기 때문이다. 기도하면 성령께서 먼저 천군 천사와 불 말과 불 병거를 현장에 보내어 위험요소를 제거하는 것이다.

군의 지휘관들은 이와 같은 기도를 경험하고 체험했을 것이다. 수많은 장병들을 보호해야 할 책임이 있는 지휘관은 전 장병을 어둠의 세력과 악한 영으로부터 보호하도록 하나님 아버지께서 천군 천사를 보내고 불 말과 불 병거를 보내어 장병들이 어디에 위치하든 안전하도록 기도했을 것이다. 마치 대통령 경호원을 대통령 일정에 따라 미리 현장에 나가서 모든 위험 요소를 제거하는 것과 같은 유사한 개념이다.

누구든지 예수그리스도를 믿는 자는 말씀과 기도와 행함이 생명이다. 목회자가 매너리즘에 빠져 형식적으로 말씀만 선포하고 기도에 게으르며 행함은 없는 삶을 살면 맛을 잃은 소금과 같다. 말씀이 역사하지 않으니 부흥이 안 된다. "**영혼 없는 몸이 죽은 것 같이 행함이 없는 믿음은 죽은 것이니라**"(약2:26)고 주의 형제 야고보는 선포했다. 예수그리스도께서 유대의 관원인 대제사장을 비롯한 바리새인들의 위선을 무엇보다도 가장 신랄하게 비판한 것을 야고보가 현장에서 예리하게 본 것이다.

마태복음의 첫 머리에 가장 먼저 교훈한 것이 산상수훈의 말씀이다. 한국교회의 흥망성쇠에 책임이 있는 목회자들이 유의해야 할 대목이다. 심령이 가난해야 한다. 말씀과 기도에 게으르며 교단과 사람을 의지하고 행함이 따르지 못해 간증할 삶이 없으면 부흥의 역사가 일어나지 않는다. 지도자는 삶으로 본이 되어야 한다. 사도바울이 우리의 롤 모델이다. 평신도도 마찬가지다. 하나님이 주시는 놀라운 축복과 자신의 역량을 마음껏 계발하고 이 땅에서 승리하는 삶을 살기 위해서는 말씀대로 행함과 기도함으로 성령의 인도함을 받는 것은 필수적이다. "오늘 있다가 내일 아궁이에 던지우는 들풀도 하나님이 입히시거든 하물며 너희일까 보냐 믿음이 적은 자들아 그러므로 염려하여 이르기를 무엇을 먹을까 무엇을 마실까 무엇을 입을까 하지 말라 이는 다 이방인들이 구하는 것이라 너희 천부께서 이 모든 것이 너희에게 있어야 할 줄을 아시느니라 너희는 먼저 그의 나라와 그의 의를 구하라 그리하면 이 모든 것을 너희에게 더하시리라"(마6:30~33)고 하셨다.

이 글을 쓰는 이유는 내가 믿고 있는 하나님이 누구신지 알아야 한다는 것이다. 앞에서 기술한 것과 같이 하나님이 나의 아버지이시기 때문에 내 아버지가 누구신지 알아야 한다. 나의 모든 삶에 관계하시는 아버지가 도대체 어떤 분인지 궁금하지 않는가?

우리가 인물을 평가할 때도 이 사람의 능력은 얼마나 되는지 인품은 훌륭한지 됨됨이를 보고 사람을 평가하듯이 내 아버지가 어떤 능력과 인품과 정신을 가지고 있는 분인지 알아야 하지 않겠는가? 성경은 온통 하나님의 말씀이기 때문이다. 또한 예수그리스도는 누구시며 나와 어떤 관계가 있는 분인지 알아야 할 것이 아닌가? 예수께서 내가 곧 길이요 진리요 생명이라 말씀하셨다. 수많은 사람들이 요즘 얼마나 길을 잃고 방황하며 진리를 찾기 위해 노력하는가? 생명은 또 얼마나 소중한가? 지금 일어나고 있는 러시아와 우크라이나, 이스라엘과 하마스와 헤즈볼라 전쟁의 참상을 보라. 인간은 누구나 죽음이 두렵다. 우리는 생명의 소중함을 잘 알고 있다. 생명은 모든 만물의 시작이며 소망과 꿈과 비전을 준다. 예수께서 내가 곧 길과 진리와 생명이라고 말씀하시니 도대체 예수그리스도가 어떤 분인지 알아야 하지 않겠는가?

성령 하나님도 마찬가지다. 보혜사 성령 하나님의 역사가 아니면 하나님 아버지도 예수그리스도도 누군지 알 수가 없다. 예수께서 십자가의 보혈로 모든 인간의 죄악을 청산하고 죄로부터 인간을 자유롭게 하시고 평강을 주셨다는 것을 성령님을 통하여 알 수 있다. 성령 하나님은 지금 이 시간에도 모든 악한 세력으로부터 우리를 보호하시고 영원한 천국까지 인도하시며 하나님 아버지는 물론 예수그리스도와 교통케 하시는 역할을 하신다. 이러한 성령 하나님을 좀 더 알아야 할 것이 아닌가? 성경, 즉 하나님의 말씀을 읽어야 하는 이유다. 내가 이 땅에서도 천국 같은 삶을 살고 저 천국에서도 하나님과 함께 영원히 살기 때문이다. 말씀은 하나님이시기 때문에 성경 말씀을 왜 읽어야 하는지 구체적으로 알아보자.

성경, 왜 읽어야 하는가?

첫째, 성경은 하나님의 말씀으로 일반적인 고전이 아니라 우주만물의 창조와 질서가 하나님의 섭리에 의해 통치되는 기가 막힌 비경임을 알려주기 위함이다.

창조주 하나님은 말씀으로 천지만물을 창조하셨다고 기록한 책이 성경이다. 성경 말씀은 하나님의 놀라운 보화가 널려있고 이를 찾는 자들에게는 누구든지 세상에서 가장 위대한 삶을 살아갈 수 있는 길이 열리기 때문이다. 하나님의 말씀을 읽는 모든 자들은 하나님의 자녀로 거듭나야 하며 하나님은 당신의 거듭난 자녀를 이 세상에서 '으뜸'이 될 수 있는 계획과 목적을 가지고 계신다. "그런즉 누구든지 그리스도 안에 있으면 새로운 피조물이라 이전 것은 지나갔으니 보라 새것이 되었도다"(고후5:17) 하나님의 말씀 안에 있으면 누구든지 새로운 피조물이 되어 하나님의 자녀로 거듭나는 것이다.

둘째, 이 글을 통하여 하나님의 말씀인 성경의 대략을 알고 성경 말씀에 쉽게 접하도록 다리 역할을 하기 위함이다.

성경 말씀은 어렵고 성경을 왜 읽어야 하는지 무엇에 중점을 두고 읽어야 하는지 어떻게 읽어야 하는지 잘 모르기 때문에 이 책을 통하여 동기를 부여하고 성경 속으로 들어가도록 길잡이의 역할을 해 주기 위함이다.

셋째, 세상을 향하신 하나님의 사랑과 길과 진리 되신 예수그리스도의 은혜와 성령 하나님의 감화 감동 보호 인도 교통하심을 알려주기 위함이다.

성경은 종교나 철학이나 인간의 노력으로 깨달음을 얻는 인본주의적인 책이 아닐뿐더러 윤리와 도덕 등 이상주의를 추구하는 책은 더욱 아니다. "하나님이 세상을 이처럼 사랑하사 독생자를 주셨으니 이는 저를 믿는 자마다 멸망치 않고 영생을 얻게 하려 하심이니라 하나님이 그 아들을 세상에 보내신 것은 세상을 심판하려 하심이 아니요 저로 말미암아 세상이 구원을 받게 하려 하심이라"(요3:16~17)

하나님은 세상을 사랑하시고 영생에 이르도록 구원하시는 사랑의 하나님임을 알리기 위함이다. 하나님의 사랑으로 길과 진리와 생명 되신 예수그리스도를 이 땅에 보내사 십자가를 지게 하심으로 우리의 모든 죄를 대속하시고 보혜사 성령을 보내사 이 땅은 물론 저 천국까지 영원히 인도하시도록 하시는 분이기 때문이다. 뿐만 아니라 성경은 권능과 지혜의 말씀이며 오늘도 살아서 개인과 가정과 국가와 세계의 모든 삶의 현장에서 역사하시는 하나님이시기 때문이다. 즉 천국복음이 전파되고 이적과 기적의 역사가 일어나며 죽은 자가 살아나고 귀신을 쫓아내며 병든 자가 고침을 받고 인간이 해결할 수 없는 모든 문제들이 말씀으로 해결하는 역사가 일어난다. 하나님이 말씀으로 천지만물을 창조하시고 인간을 만드셨기 때문이다. 따라서 우리 삶에 역사하시는 전지전능하신 하나님을 만천하에 전하고자 함이다.

넷째, 전 세계인이 이 글을 읽고 성경에 입문하여 모두가 하나님의 자녀로 거듭나서 각 자에게 주어진 달란트를 가지고 이 세상을 변화시키며 승리하도록 돕기 위함이다.

이 글이 세계적인 베스트셀러가 되어야 할 이유다. 하나님의 영광을 위해서 영어를 비롯한 모든 언어로 번역되어 전 세계인이 읽어야 할 필독서가 되기를 기도한다.

다섯째, 이 글은 방황하는 현대인들에게 삼위일체 하나님이 주신 축복과 삶의 목적과 방향을 알리기 위함이다.

특별히 청년들은 하나님께서 주신 축복을 누리고 자신의 길과 사명을 알고자 한다면 성경을 읽고 또 읽고, 묵상하고 또 묵상하면 반드시 보혜사 성령께서 여러분들을 이 세상에서 가장 위대한 사명의 길로 인도하실 것이다. 하나님께서 "내가 너로 큰 민족을 이루고 네게 복을 주어 네 이름을 창대케 하리니 너는 복의 근원이 될찌라"(창12:2)고 여러분들과 약속하셨기 때문이다. 동시에 여러분에게 가야 할 길과 사명을 주신다. "예수께서 가라사대 내가 곧 길이요 진리요 생명이니 나로 말미암지 않고는 아버지께로 올 자가 없느니라"(요14:6)고 하셨다.

"나의 달려갈 길과 주 예수께 받은 사명 곧 하나님의 은혜의 복음 증거하는 일을 마치려 함에는 나의 생명을 조금도 귀한 것으로 여기지 아니하노라"(행20:24)한 바울의 고백이 독자 여러분 모두의 고백이 되기 바란다. 생명을 걸 만큼 투자할 가치가 있기 때문이다.

여섯째, 대한민국과 한민족에게 주신 사명을 알리기 위함이다.

어느 국가나 민족이나 하나님의 특별한 섭리가 있다. 국가와 민족을 향하신 하나님의 의도와 뜻을 분별하는 것은 매우 중요하다. 하나님이 함께 하시는 민족은 결코 멸망하지 않으며 반드시 복 주고 복 주어 번성케 하신다. 의인 열 명과 하나님의 사람 칠천 명을 남겨 놓으신 이유다. 21세기 하나님께서 한민족에게 주신 사명은 자비량 선교사 100만 명과 선교사 10만 명을 땅끝까지 파송하여 천국복음을 전파하는 일이다.

복음은 두 개의 축으로 진행될 것이다. 하나의 축은 해양으로 가서 5대양 6대주에 복음을 전하는 일이다. 약 750만 명의 디아스포라와 이 땅의 은퇴한 노년층과 청년들이 이를 담당해야 할 것이다. 군 복음화가 중요한 이유다.

또 하나의 축은 대륙으로 가는 길이다. 북한을 복음 통일하여 북한의 젊은이들과 함께 유라시아 대륙을 횡단하며 공산권 나라에 복음을 전하는 길이다. 이를 위해 우리의 역할은 북한의 지하교인들과 복음통일의 마중물인 3만 4천명 탈북자들을 돕고 이들에게 복음을 전하는 일이며 동북3성과 연해주의 조선족을 복음화하는 일이다.

아시아는 대륙을 동서로 구분하여 동남아시아 서남아시아 중동까지 하나의 대륙으로, 또 하나의 대륙인 동북아시아는 한국 일본 중국과 러시아 연해주의 조선족과 한족에게 복음을 전하는 것이다. 젊은 장병들과 교회학교의 학생과 청년들이 중요한 이유는 이들이 자비량 선교사로 전 세계를 무대로 뛰어야 할 주인공들이기 때문이다.

해양으로 가는 길은 "예수께서 나아와 일러 가라사대 하늘과 땅의 모든 권세를 내게 주셨으니 그러므로 너희는 가서 모든 족속으로 제자를 삼아 아버지와 아들과 성령의 이름으로 세례를 주고 내가 너희에게 분부한 모든 것을 가르쳐 지키게 하라 볼찌어다 내가 세상 끝 날까지 너희와 항상 함께 있으리라 하시니라"(마28:18~20)고 5대양 6대주로 갈 것을 유언의 말씀하셨다.

대륙으로 가는 길은 "오직 성령이 너희에게 임하시면 너희가 권능을 받고 예루살렘과 온 유대와 사마리아와 땅 끝까지 이르러 내 증인이 되리라 하시니라"(행1:8)는 말씀이다. 예루살렘은 대한민국이며 온 유대는 북한지역을 포함한 한반도며 사마리아는 잃어버린 옛 땅 동북3성과 연해주이기 때문이다. 복음 통일되면 북한의 젊은이들과 함께 중국과 러시아 몽골 등 유라시아 대륙으로 복음을 전하는 사명이다.

일곱째, 미래를 주도할 젊은 인재의 중요성과 이들을 양성해야 함을 알리기 위함이다.

자비량 선교사 100만 명을 어떻게 보낼 것이냐? 군 복음화가 중요한 이유다. 분명한 사실은 하나님은 하나님의 일을 하신다. 하나님은 이스라엘 민족을 이끄실 때 직접 앞서 행하시고 거할 장막 집을 찾으시고 낮에는 구름기둥으로 밤에는 불기둥으로 인도하셨기 때문이다. "여호와께서 그들 앞에 행하사 낮에는 구름기둥으로 그들의 길을 인도하시고 밤에는 불기둥으로 그들에게 비춰사 주야로 진행하게 하시니 낮에는 구름기둥, 밤에는 불기둥이 백성 앞에서 떠나지 아니하니라"(출13:21~22)고 말쓰하였다. 하나님은 앞서 행하시며 길을 개척하시고 장애물을 제거하셔서 한 청년을 세계 최고의 인재로 거듭나게 하실 것이다. 한 사람이 중요한 이유다. 우리의 할 일은 하나님이 이끄시는 대로 순종하며 각 자에게 주어진 사명을 완성하도록 자신의 길을 묵묵히 가는 것이다. 먼저 그의 나라와 그의 의를 구하는 삶이다.

여덟째, 5대양 6대주에 복음 전할 한국교회와 현지 기업과 협력하여 병원과 학교를 세우고 방송신문사를 창립하여 복음을 전하도록 하는 일이다.

5대양 6대주를 복음화하기 위해 한국의 대형교회는 각 대륙을 책임지고 복음을 전하는 것이다. 아울러 대륙별로 기업에 사명을 주는 일이다. 먼저 아시아는 인구가 많고 넓으며 악한 영들이 지배하는 나라들이 많다. 따라서 이들을 복음화하는 데 말씀과 성령의 역사가 동반하는 조용기 목사의 여의도순복음교회가 적합하다고 생각한다.

아시아의 서쪽 즉 동남아시아 서남아시아 중동은 조용기 목사의 정신을 이어받은 여의도순복음교회와 인도네시아의 시나르마쓰 캐피톨그룹과 사라나라 기업이 이 역할을 감당할 것이다. 아시아의 동쪽 즉 동남아시아는 조용기 목사의 정신을 이어받은 순복음교회가 담당하며, 유럽은 영국을 교두보로 광림교회와 감리교가 담당하고, 남북아메리카 대륙은 명성교회와 극동방송이 담당하며 미국과 한미신앙동맹을 강화해야 할 것이다.

영국의 해가 지지 않는 나라와 오세아니아 지역은 성결교가 담당하고, 감성이 충만한 아프리카 대륙은 옥한흠 목사의 네비게이토 성경말씀의 정신을 가지고 복음을 전하는 것이 좋겠다는 생각이다. 특별교구인 이스라엘은 김진홍 목사의 두레신광교회가 적합하다고 생각한다. 김진홍 목사의 창업정신과 이스라엘의 후츠파정신이 상호 시너지를 낼 것이기 때문이다.

한반도를 중심으로 북한 복음화는 영락교회가 주축이 되고, 일본은 온누리교회가, 중국은 소망교회와 해당 교단들이 담당하는 것이 좋겠다는 생각이다. 이에 협력할 기업들은 구하면 하나님께서 반드시 주실 것이다. 전 세계의 모든 족속이 조용기 목사의 정신이 필요한 이유는 조 목사께서 예수님처럼 사역을 했기 때문이다. 즉 성경말씀을 가르치고 천국복음을 전파하며 모든 병든 자와 귀신을 쫓아내며 각양 문제를 해결했기 때문이다. 이를 위해 대륙별 디아스포라 750만 명의 한인의 역할이 중요하다. 성령의 인도함을 받으면 길이 열릴 것이다. 대륙별, 나라별로 대학교 인근에 성경말씀&성령학교를 세우는 일이다. 학교는 On & Off Line으로 운영하며 학업과 미래의 두려움 때문에 낙심하고 자살하는 학생들부터 성경말씀을 가르치고 기도함으로 성령의 인도함을 받도록 시작하는 것이다.

아홉째, 세계선교를 위해 미국과 협력의 중요함을 알리기 위함이다.

미국과 한미신앙동맹을 강화하는 일이다. 미국은 초강대국 지위를 계속 유지할 것이다. 아직도 하나님의 말씀을 믿고 순종하는 자들이 많기 때문이다. 자유민주주의 가치와 자본주의 시장경제와 법치의 근원이 하나님의 말씀으로부터 온 것임을 이들은 잘 알고 있다. 미국 대통령 도널드 J 트럼프의 당선으로 한미 베트남 기독참전용사가 전면에 나설 시간이다. 기업으로는 미국의 코카콜라회사와 한국의 신세계그룹 정용진 회장, 태광산업, 담터 장세근 회장 등이 역할을 하면 좋을 것이다. 김문현

회장도 역할을 할 것이다.

미군이 강한 이유는 국가훈련센터(NTC)에서 실전적인 훈련을 하고 있기 때문이다. 선교도 마찬가지다. 연천에 훈련장을 세우고 미국 텍사스의 훈련장을 활용하면 좋을 것이다. 텍사스 달라스 예수전도단인 Ywam Tyler에 다양한 DTS(제자훈련과정)이 있다. 이곳은 광야 수도원과 같은 곳으로 세계선교훈련센터 전초기지의 역할을 할 것을 기대하고 있다.

열째, 유대인과 협력이 중요함을 알리기 위함이다.
유대인의 위상과 생활방식이 중요하기 때문이다. "**옛날을 기억하라 역대의 연대를 생각하라 네 아비에게 물으라 그가 네게 설명할 것이요 네 어른들에게 물으라 그들이 네게 이르리로다**"(신32:7)고 하였다. 한국교회와 한민족이 가야 할 방향이다. 부모들은 자녀들의 교육을 교회에만 맡기지 말고 직접 복음을 전하고 말씀을 가르쳐야 한다. 양방향으로 가는 길이다. 교회에서도 말씀을 가르치고 기도하며 가정에서도 부모나 조부모가 자녀와 손주들을 가르치고 본이 되라는 말씀이다. 우리 세대들은 이를 등한히 하여 오늘의 40~50대를 만들었다고 생각한다. 유대인들은 전 세계의 정치 경제 금융 사회 문화 과학기술 군사 언론 예술 등 모든 면에서 뛰어난 민족이다. 어려서부터 성경을 가르쳐 암송하고 성경 말씀대로 살기 때문이다.

미국이 강한 이유도 여기에 있다. 유대인들이 물밑에서 미국을 움직이고 있기 때문이다. 대한민국과 복음 통일된 더 큰 대한민국은 앞으로 이들과 협력하여 세계의 선교강국과 중심국가로 나가야 할 것이다. 하나님의 뜻이며 하나님이 기뻐하시는 일이기 때문이다.

독자를 위한 기도문

먼저 이 글을 통해 성경이 얼마나 하나님의 위대한 말씀인지 온 천하에 알림으로써 성경과 함께하는 자는 누구든지 세상의 으뜸으로 만들기 원하시는 하나님의 역사가 충만하기를 간절한 마음으로 기도하고자 합니다.

"하나님의 말씀은 살았고 운동력이 있어 좌우에 날선 어떤 검보다도 예리하여 혼과 영과 관절과 골수를 찔러 쪼개기까지 하며 또 마음의 생각과 뜻을 감찰하나니"(히4:12)

천지만물을 창조하시고 인생의 생사화복과 국가의 흥망성쇠를 주관하시는 전지전능하시고 오늘도 살아 역사하시는 하나님 아버지 감사와 찬양과 영광을 올려드립니다. 죄로 말미암아 영원히 죽을 수밖에 없는 우리를 위해 독생자 예수그리스도를 이 땅에 보내시어 십자가의 보혈로 우리의 모든 죄를 깨끗하게 씻으시고 하나님의 자녀로 거듭나게 하심을 감사드립니다. 보혜사 성령 하나님을 우리 마음속에 보내 주셔서 날마다 감화 감동케 하시고 천군 천사로 보호하시며 인도 교통하시고 전신갑주로 무장하게 하시며 성령의 은사와 열매를 주셔서 이 세상 승리하게 하시는 하나님을 찬양합니다. 하나님이 세상을 이처럼 사랑하사 독생자를 주셨으니 이는 저를 믿는 자마다 멸망치 않고 영생을 얻게 하려 하심이라(요3:16)하신 하나님께 감사와 찬양과 영광을 올려드립니다.

하나님 아버지! 이 글을 통해 독자들이 위대하신 삼위일체 하나님을 만나는 역사가 일어나도록 도와주시옵소서. 성경 말씀을 읽게 하여 주옵소서. 광야 같은 험악한 세상을 승리하며 살아가도록 인도하여 주옵소서. 각자에게 삶의 명쾌한 답을 주시는 하나님을 찬양합니다. 여호와를 경외하는 것이 지혜의 근본이요 악에서 떠나는 것이 명철이라 말씀하신 하나님을 찬양합니다.

하나님 아버지!

"여호와여 광대하심과 권능과 영광과 이김과 위엄이 다 주께 속하였사오니 천지에 있는 것이 다 주의 것이로소이다. 여호와여 주권도 주께 속하였사오니 주는 높으사 만유의 머리심이니이다 부와 귀가 주께로 말미암고 또 주는 만유의 주재가 되사 손에 권세와 능력이 있사오니 모든 자를 크게 하심과 강하게 하심이 주의 손에 있나이다"(역대상 29:11~12)며 고백한 다윗의 찬양이 우리 모두의 찬양이 되기를 원합니다. 우리 모두가 외모를 보지 아니하시고 중심을 보시는 하나님의 기준에 합당한 자들이 다 되게 하옵소서.

만군의 여호와 하나님 아버지!

초립동이 목동 다윗을 택하사 골리앗과의 싸움에서 이기게 하신 만군의 여호와 하나님의 이름을 찬양합니다. "다윗이 블레셋 사람에게 이르되 너는 칼과 창과 단창으로 내게 오거니와 나는 만군의 여호와의 이름 곧 네가 모욕하는 이스라엘의 군대의 하나님의 이름으로 네게 가노라 오늘 여호와께서 너를 내 손에 붙이시리니 내가 너를 쳐서 네 머리를 베고 블레셋 군대의 시체로 오늘날 공중의 새와 땅의 들짐승에게 주어 온 땅으로 이스라엘에 하나님이 계신 줄을 알게 하겠고 또 여호와의 구원하심이 칼과 창에 있지 아니함을 이 무리로 알게 하리라 전쟁은 여호와

께 속한 것인즉 그가 너희를 우리 손에 붙이시리라"(삼상17:45~47)

하나님 아버지! 전쟁은 여호와께 속하게 하심을 찬양합니다. 이겨놓고 싸우게 하심을 찬양합니다. 여호와 하나님의 이름이 권세와 능력이며 지혜와 지식임을 믿습니다. 십자가의 보혈이 권세와 능력임을 믿습니다. 예수그리스도의 이름이 승리임을 믿습니다. 다윗을 목동에서 이스라엘의 가장 위대한 왕으로 세우신 하나님을 찬양합니다.

만군의 여호와 하나님 아버지! 이 글을 읽은 모든 독자들에게 이와 같은 하나님의 권세와 능력과 지혜와 지식이 임하기를 원합니다. 하나님께서 이미 이루어 놓으신 것을 믿음으로 깨닫기 원합니다. 성령 하나님께서 창조주 하나님을 찬양하며 개인과 가정과 사회와 국가와 민족이 변화의 중심이 서도록 역사하여 주옵소서. 여호와의 이름을 부르는 모든 자들이 세계 최고의 인물이 되며 으뜸이 되며 모든 민족 중에 가장 뛰어난 민족이 되도록 역사하여 주옵소서. 말씀이 우리의 모든 것 되게 하시고 기도와 행함으로 온 열방에 천국복음이 전파되도록 도와주옵소서. 모든 민족이 한 목소리로 여호와 하나님을 찬양하고 경배하며 하나님을 기쁘시게 하며 영화롭게 하옵소서.

성경 말씀을 읽고 또 읽고 묵상하며 기도하게 하옵소서. 말씀을 지키고 행하게 하옵소서.

"복 있는 사람은 악인의 꾀를 좇지 아니하며 죄인의 길에 서지 아니하며 오만한 자리에 앉지 아니하고 오직 여호와의 율법을 즐거워하여 그 율법을 주야로 묵상하는 자로다 저는 시냇가에 심은 나무가 시절을 좇아 과실을 맺으며 그 잎사귀가 마르지 아니함 같으니 그 행사가 다 형통하리로다 악인은 그렇지 않음이여 오직 바람에 나는 겨와 같도다 그러므로 악인이 심판을 견디지 못하며 죄인이 의인의 회중에 들지 못하리로다 대저 의인의 길은 여호와께서 인정하시나 악인의 길은 망하리로다"(시1:1~6)

날마다 악인의 꾀, 죄인의 길, 오만한 자의 자리에 앉지 아니하도록 인도하옵소서. 이 글을 읽는 독자 모두가 하나님의 자녀로 거듭나게 하시며 세계의 각 분야에 '으뜸'이 되도록 축복하여 주옵소서. 하나님의 말씀인 성경을 가슴팍에 새기도록 도와주옵소서.

"이스라엘아 들으라 우리 하나님 여호와는 오직 하나인 여호와시니 너는 마음을 다하고 성품을 다하고 힘을 다하여 네 하나님 여호와를 사랑하라 오늘날 내가 네게 명하는 이 말씀을 너는 마음에 새기고 네 자녀에게 부지런히 가르치며 집에 앉았을 때에든지 길에 행할 때에든지 누웠을 때에든지 일어날 때에든지 이 말씀을 강론할 것이며 너는 또 그것을 네 손목에 매어 기호를 삼으며 네 미간에 붙여 표를 삼고 또 네 집 문설주와 바깥문에 기록할찌니라"(신6:4~9)

이 시간 이 글을 읽는 모든 병자들과 개인과 가정과 교회의 모든 문제들이 해결되고 약한 곳이 회복하도록 도와주옵소서. 이 모든 것 감사드리며 존귀하신 우리 주 예수그리스도의 이름으로 기도하옵나이다. 아멘

복음은 무엇인가

필자가 어떻게 예수그리스도를 나의 구세주로 영접하여 믿게 되었는지 성경말씀을 통하여 구원문제를 언급하고자 한다. 구원은 오직 하나

님의 영역으로 하나님의 주권이며 하나님만이 심판자이심을 성경은 기록하고 있다. 인간의 판단 영역이 아닌 것이다. 따라서 하나님은 어떤 분인지 여러분을 구원의 길로 안내하고자 한다. "**하나님이 세상을 이처럼 사랑하사 독생자를 주셨으니 이는 저를 믿는 자마다 멸망치 않고 영생을 얻게 하려 하심이라**"(요3:16)고 말씀하셨기 때문이다.

그러나 성경은 "모든 사람이 죄를 범하였으매 하나님의 영광에 이르지 못하더니"(롬3:23)라고 기록하고 있다. 태초부터 아담의 죄로 인해 모든 인간은 죄인으로 태어났기 때문이다. 하나님은 독생자 예수그리스도를 이 땅에 보내사 죄의 형벌을 우리 대신 받음으로써 이를 믿는 모든 인간은 죄의 문제로부터 완전히 해방됐다. 예수그리스도가 나의 죄를 대속했기 때문에 내가 죄로부터 자유롭게 되고 의인이 된 것이다. 인간 스스로 죄의 문제를 해결할 수 없기 때문에 하나님께서 인류를 위해 예수그리스도를 보내 죄에 대하여 죽게 함으로써 우리가 의인이 됐다고 칭한 것이다. 따라서 나의 죄를 위해 십자가를 대신 지신 예수그리스도를 내 마음속에 믿음으로 영접하면 하나님으로부터 의롭다 칭함을 받는 하나님의 자녀로 새롭게 태어난다는 것이다.

"누구든지 그리스도 안에 있으면 새로운 피조물이라 이전 것은 지나갔으니 보라 새것이 되었도다"(고후5:17)라고 기록하였다. 구체적으로 설명하면 성경은 인간의 죄의 문제를 곳곳에 기록하고 있다. 죄가 있으면 하나님께 나아갈 수 없다. 하나님은 거룩하시기 때문이다. "우리는 다 양 같아서 그릇 행하여 각기 제 길로 갔거늘 여호와께서는 우리 무리의 죄악을 그에게 담당시키셨도다"(사53:6)며 예수께서 우리의 죄를 담당하셨다고 성경은 기록하고 있다. 인간은 누구나 "한번 죽는 것은 사람에게 정해진 것이요 그 후에는 심판이 있으리니"(히9:27)라며 누구나 죽으며 심판을 받는다고 했다. 육신은 죽어서 흙으로 돌아가지만 영혼은 살아서 하나님 앞에 가서 심판을 받는다는 말씀이다.

죄에 대한 심판의 결과는 다음과 같다. "죄의 삯은 사망이요 하나님의 은사는 그리스도 예수 우리 주안에 있는 영생이니라"(롬6:23) 죄의 결과는 영원한 사망이라는 것이다. 예수그리스도께서 "우리가 아직 죄인 되었을 때에 그리스도께서 우리를 위하여 죽으심으로 하나님께서 우리에게 대한 자기의 사랑을 확증하셨느니라"(롬5:8)며 우리 죄를 위하여 죽으셨다고 성경은 기록하고 있다. "너희가 그 은혜로 인하여 믿음으로 말미암아 구원을 얻었나니 이것이 너희에게서 난 것이 아니요 하나님의 선물이요 행위에서 난 것이 아니니 이는 누구든지 자랑치 못하게 함이니라"(엡2:8~9)며 구원은 우리의 선하고 착한 행실로 받는 것이 아니라 하나님의 선물이며 예수그리스도를 믿음으로 받는다는 것이라 기록하고 있다. 따라서 나의 죄를 위하여 십자가에서 죽으신 예수그리스도를 내 마음속에 나의 구원자로 영접하면 되는 것이다.

"영접하는 자 곧 그 이름을 믿는 자들에게는 하나님의 자녀가 되는 권세를 주셨으니"(요1:12) 나의 죄를 위하여 십자가에서 피 흘리신 예수그리스도를 영접하는 자는 하나님의 자녀로 거듭난다는 것이다. "볼찌어다 내가 문 밖에 서서 두드리노니 누구든지 문들 열면 내가 그에게로 들어가 그로 더불어 먹고 그는 나로 더불어 먹으리라"(계3:20)며 예수님을 나의 구원자로 영접하면 예수께서 평생을 나와 함께 하실 것을 약속하신 것이다. 내 마음속에 내주하고 계시기 때문이다.

이제 여러분들은 마음의 문을 열고 "예수님 제 마음에 들어오셔서 함께 사십시다"라고 마음에 영접하고 입으로 시인하여 모셔 들이면 된다.

영접하는 순간부터 성령이 내 마음속에 임하시는 것이다. "너희가 하나님의 성전인 것과 하나님의 성령이 너희 거하시는 것을 알지 못하느뇨"(고전3:16)라고 말씀하셨다. 믿지 않는 자들은 죄인으로 불과 유황불에 타는 못인 지옥의 형벌을 영원히 받는다고 기록하고 있다. "또 내게 말씀하시되 이루었도다 나는 알파와 오메가요 처음과 나중이라 내가 생명수 샘물로 목마른 자에게 값없이 주리니 이기는 자는 이것을 유업으로 얻으리라 나는 저의 하나님이 되고 그는 내 아들이 되리라 그러나 두려워하는 자들과 믿지 아니하는 자들과 흉악한 자들과 살인자들과 행음하는 자들과 술객들과 우상숭배하는 자들과 거짓말하는 자들은 불과 유황으로 타는 못에 참예하리니 이것이 둘째 사망이라"(계21:6~8)고 기록하고 있다.

이 세상에 살면서 우리가 죄를 지어 10년을 감옥살이 한다고 가정해 보자. 얼마나 힘이 들고 어려울지 상상이 안 된다. 그래도 10년 후에는 나올 소망이 있어서 인내하며 기다릴 수도 있겠지만 끝이 없는 영원한 지옥 불 못에 내 영혼이 그 뜨거운 불구덩이 속에서 영원히 지낸다고 상상을 해보라. 얼마나 끔찍스럽고 고통스러운 나날을 보내겠는가? 무슨 소망이 있겠는가? 절망! 절망! 절망일 것이다.

여러분들은 예수그리스도를 나의 구세주로 영접하여 믿을 것인가 아니면 믿지 말고 그대로 육신이 이끄는 대로 살다 죽을 것인가 양자택일의 순간에 와 있다. 이제 어느 쪽을 선택하든 여러분들의 자유의지다. 믿고 싶은데 내 의지대로 안 된다면 이 순간 하나님께 도와 달라고 기도하라. 성령 하나님께서 여러분들을 도와서 예수그리스도를 나의 구세주로 영접하도록 인도하실 것이다. 이로써 우리는 죽음과 사망의 강을 건너 생명의 강으로 새롭게 태어나는 것이다. 이제 여러분은 새로운 피조물로 거듭난 것이다.

"내가 진실로 진실로 너희에게 이르노니 내 말을 듣고 또 나 보내신 이를 믿는 자는 영생을 얻었고 심판에 이르지 아니하나니 사망에서 생명으로 옮겼느니라"(요5:24) 예수그리스도를 믿고 내 마음에 영접한 자는 이미 영원한 생명을 얻었다고 성경은 말씀하고 있다. 사망에서 생명으로 옮긴 것이다. 하나님의 자녀로 거듭난 것이다. 춤을 추고 기뻐해야 할 말씀이다. 이것이 복음인 것이다. 복음은 능력이다.

"너희가 거듭난 것이 썩어질 씨로 된 것이 아니요 썩지 아니할 씨로 된 것이니 하나님의 살아있고 항상 있는 말씀으로 되었느니라 그러므로 모든 육체는 풀과 같고 그 모든 영광이 풀의 꽃과 같으니 풀은 마르고 꽃은 떨어지되 오직 주의 말씀은 세세토록 있도다 하였으니 너희에게 전한 복음이 곧 이 말씀이니라"(벧전1:23~25)고 하였다. 여러분들은 이제부터 하나님의 자녀이며 영생을 받은 존재며 삼위일체의 하나님이 항상 여러분의 마음속에 계시고 하나님을 아버지라 부를 수 있는 특권으로 거듭났으며 기쁠 때나 슬플 때에 아버지께 기도함으로써 여러분을 보호 인도하시며 필요를 채울 수도 있고 아버지의 뜻을 행할 수도 있는 존재가 되었다. 전지전능하신 만군의 여호와 하나님의 자녀로 태어난 것이다. 우주 만물을 창조하시고 통치하시는 분이 내 아버지시며 오늘도 살아서 역사하시는 전지전능하신 하나님이 내 아버지가 된 것이다.

"오직 너희는 택하신 족속이요 왕 같은 제사장들이요 거룩한 나라요 그의 소유된 백성이니 이는 너희를 어두운데서 불러내어 그의 기이한 빛에 들어가게 하신 자의 아름다운 덕을 선전하게 하려 하심이라 너희가 전에는 백성이 아니더니 이제는 하나님의 백성이요 전에는 긍휼을 얻지 못하였더니 이제는 긍휼을 얻은 자니라"(벧전2:9~10)고 말씀하였다.

여러분들의 정체성이 바뀐 것이다.

하나님은 우리뿐만 아니라 우리의 후손들에게도 복을 주셨다. "나를 사랑하고 내 계명을 지키는 자에게는 천대까지 은혜를 베푸느니라"(신 5:10)며 약속하신 것이다. 하나님의 말씀을 사랑하고 계명을 지켜야 하는 이유다. 하나님의 말씀이 얼마나 위대한지 성경은 기록하고 있다. "모든 성경은 하나님의 감동으로 된 것으로 교훈과 책망과 바르게 함과 의로 교육하기에 유익하니 이는 하나님의 사람으로 온전케 하며 모든 선한 일을 행하기에 온전케 하려 함이니라"(딤후3:16~17)이기 때문이다. 뿐만 아니라 하나님은 가나안 땅 정복을 앞두고 여호수아에게 말씀하시기를 "이 율법 책을 네 입에서 떠나지 말게 하며 주야로 그것을 묵상하여 그 가운데 기록한 대로 다 지켜 행하라 그리하면 네 길이 평탄하게 될 것이라 네가 형통하리라"(수1:8)고 말씀하셨다. 하나님의 말씀과 계명과 율례에 관하여는 시편 119편의 말씀이 하이라이트다. "**청년이 무엇으로 그 행실을 깨끗케 하리이까 주의 말씀을 따라 삼갈 것이니이다 내가 전심으로 주를 찾았사오니 주의 계명에서 떠나지 말게 하소서 내가 주께 범죄치 아니하려 하여 주의 말씀을 내 마음에 두었나이다**"(시119:9~11)의 말씀이다.

믿음이란 무엇인가

성경의 첫 장은 우리가 사는 세상이 누가 어떻게 만들었는지 사람은 어떻게 태어났는지 명확하게 기록하고 있다. 성경의 주인공은 하나님의 형상으로 지음 받은 사람이다. 주권(主權)은 하나님께 있다. 전능하신 창조주 하나님이 이 모든 것을 말씀으로 만드시고 다스리며 통치하신다고 기록하였다. 하나님은 "하나님이 자기형상 곧 하나님의 형상대로 사람을 창조하시되 남자와 여자를 창조하시고"(창1:27) 심히 기뻐하셨다고 기록하셨다. 인간사 늘 문제와 사건과 크고 작은 일들이 있듯이 사람이 타락한 사건이 연이어 일어난다. 인간의 타락이 극에 달하자 하나님은 엄청난 결단을 하신다. 하나님은 사람지은 것을 말 할 수 없을 정도로 크게 실망하신 것 같다.

"여호와께서 사람의 죄악이 세상에 관영함과 그 마음의 생각의 모든 계획이 항상 악할 뿐임을 보시고 땅 위에 사람 지으셨음을 한탄하사 마음에 근심하시고 가라사대 나의 창조한 사람을 내가 지면에서 쓸어버리되 사람으로부터 육축과 기는 것과 공중의 새까지 그리하리니 이는 내가 그것을 지었음을 한탄함이니라 하시니라 그러나 노아는 여호와께 은혜를 입었더라"(창6:5~8)고 말씀하고 있다. 이로 말미암아 노아의 홍수사건이 일어나고 홍수 이전과 이후는 완전히 다른 세상이 펼쳐진 것이다. 하나님은 말씀하신대로 모든 사람을 지면에서 쓸어버리시고 당대의 의인인 노아와 그의 가족만 구원하셨다. 노아의 후손이 바로 믿음의 조상 아브라함이다. 믿음의 역사는 아브라함으로부터 시작된다. 하나님이 갈대아 우르에서 아브라함을 부르셨을 때 믿음으로 순종했기 때문에 하나님은 "내가 너로 큰 민족을 이루고 네게 복을 주어 네 이름을 창대케 하리니 너는 복의 근원이 될찌라"(창12:2)고 약속하셨다. 성경의 핵심 키워드는 믿음이다. 결론부터 말하면 믿음은 말씀과 기도와 순종의 결과다. 따라서 믿음은 개인별로 다르다. 개인에 따라 천차만별이다. 개인의 믿음도 유기체와 같이 수시로 변한다. 항상 깨어있어야 하는 이유다.

성경은 하나님이 창조한 사람을 사랑하고 축복하고 인도하시는 말씀으로 가득 차 있는 비경이다. 성경을 읽고 기도하며 순종해야 하는 이유다. 성경은 전지전능하신 하나님의 말씀으로서 인간사의 모든 문제와 우주 만물을 운행하시는 하나님의 섭리를 기록한 유일한 경(經)이다. 하나님의 부르심을 받은 자는 하나님의 사람이며 선택받은 하나님의 자녀로 거듭난 자들이다. 자녀이면 반드시 내 아버지가 누구며 어떤 분인지 알아야 하지 않겠는가? 성경은 하나님 아버지의 말씀을 기록한 책이기 때문에 성경을 읽으면 내 아버지가 누구신지 어떤 분인지 무엇을 원하고 무엇을 좋아하고 싫어하시는지 얼마나 대단하신 분인지 알 수 있고 느낄 수 있다.

하나님은 스스로 존재하는 분이다. 알파와 오메가요, 처음과 나중이요, 시작과 끝이신 분이다. 시간과 공간을 초월하며 이성과 감성을 초월하여 존재하는 분으로서 천지에 충만하신 분이다. 천지 만물을 창조하시고 아담과 이브를 하나님의 형상대로 지으신 이래 지금까지 하늘과 땅과 어둠과 악한 영의 세계까지 모든 것이 하나님의 섭리가운데 역사하고 있으며 이는 앞으로도 영원히 계속될 것이다. 여러분들은 하나님이 없이 이 세상과 저 세상에서 단 1초라도 살아 있을 수 있겠는가 상상해 보라.

하나님은 인류의 역사가 시작된 이래 시대와 환경과 상황이 변하더라도 하나님의 때와 하나님의 방식에 따라 다양한 모양과 방법으로 역사하고 계신다. 주권이 온전히 하나님께 있기 때문이다. 따라서 하나님 아버지의 존재를 필자의 체험과 지혜와 지식을 동원하여 몇 마디 단어와 문장으로 하나님이 어떤 분임을 표현하는 것은 매우 제한적임을 잘 알고 있다. 독자들도 성령 하나님께 하나님 아버지가 어떤 분인지 기도하며 이 글을 읽고 성경을 읽기 바란다. 하나님의 말씀이 성경이기 때문이다. 아울러 지구상에 수많은 기독교인들이 각자의 마음속에 내주하시는 성령님의 인도하심과 교통하심으로 체험한 하나님의 놀라운 역사와 각

자의 믿음에 따라 하나님의 말씀을 해석하고 삶에 적용하는 것이 다르기 때문에 하나님이 누구시며 나는 누군지 정체성을 확인하는 것은 중요하다. 각자의 믿음이 다르기 때문이다.

믿음으로 우리는 구원을 받아 하나님의 자녀로 거듭나 새 생명으로 태어났다. 갓난아이로 세상에 태어난 것이다. 성장하는 것은 각자의 몫이다. 각자가 성령 하나님의 인도함을 받아 성경 말씀과 기도와 행함으로 믿음의 삶을 어떻게 살아가느냐에 따라 여전히 갓난아이로 머무르는 믿음이 있고, 신령한 젖을 사모하고 때에 따라 하나님이 주시는 오곡백과를 먹을 수 있는 장성한 분량의 믿음이 있다. 갓난아이와 어린아이의 믿음이 다르고 장성한 분량의 믿음이 서로 다르다. 믿음은 유기체와 같이 자라고 변화한다. 청년시절에 장성한 믿음을 가지고 있다 하더라도 노년에 믿음이 소멸하는 경우도 있다.

"성령을 소멸치 말며 예언을 멸시치 말며 범사에 헤아려 좋은 것을 취하고 악은 모든 모양이라도 버려라"(살전5:19~22)고 말씀하셨다. 이는 초년 끝 발이 말년까지 이어지는 것이 아니기 때문이다. 주위 환경이 변하고 상황이 늘 변하기 때문에 믿음을 끝까지 지키는 것이 승리하는 길이다. 목회자도 그 누구도 예외가 아니다. 행함이 없는 믿음은 아무 것도 아니기 때문이다. 하나님의 말씀을 순종해야 하는 이유다. 우리가 하나님의 선물인 구원 즉 죄로부터 자유 함을 믿음으로 받지만 행함이 없는 믿음은 늘 갓난아이와 같다. 새 생명으로 거듭 났는데 아이가 자라지 못하고 사람구실을 못하면 부모가 얼마나 안타깝고 기가 막히겠는가? "그러므로 모든 악독과 모든 궤휼(사기,기만)과 외식과 시기와 모든 비방하는 말을 버리고 갓난아이들 같이 순전하고 신령한 젖을 사모하라 이는 이로 말미암아 너희로 구원에 이르도록 자라게 하려 함이라"(벧전2:1~2)고 하였다. 다행스러운 것은 하나님의 말씀인 성경이 늘 우리 곁에 있기 때문에 마음만 먹으면 읽고 묵상하며 항상 말씀을 붙잡을 수 있다. 믿음은 말씀과 기도와 행함이 있는 각자의 삶의 결과이기 때문이다.

성경에 하나님의 말씀을 붙잡고 기도하며 끝까지 믿음을 지키며 본을 보인 인물이 사도바울이다. "내가 선한 싸움을 싸우고 나의 달려갈 길을 마치고 믿음을 지켰으니 이제 후로는 나를 위하여 주 곧 의로우신 재판장이 그 날에 내게 주실 것이니 내게만 아니라 주의 나타나심을 사모하는 모든 자에게니라"(딤후4:7~8)며 세상 끝 날까지 믿음을 굳게 지킬 것을 강조하였다.

삼위일체 하나님

성경은 온통 주인공인 인간과 성부 성자 성령 하나님과의 관계를 기록한 책이다. 하나님의 역사서이며 세계사다. 삼위일체의 하나님이 어떤 분인지를 알아야 나의 정체성을 알 수 있다. 사람마다 내가 누구인지를 정확히 알아야 이 땅에서 어떠한 삶이 의미가 있으며 성공적이고 유익한 삶인지 방향을 설정할 수 있다. 나만의 고유한 달란트를 발견할 수 있으며 나의 장점을 활용하여 목적이 이끄는 삶을 승리하며 살 수가 있는 것이다.

성경 말씀은 우리 인생길의 답을 제공해 준다. 결론부터 말하면 성부 하나님은 복의 근원이 되시며, 성자 예수그리스도는 하나님께 나가는 다리가 되며 길과 진리와 생명이시며 길을 잃고 방황하는 자들에게 빛과 소금의 역할을 감당하도록 하신다. 한 알의 밀알이 땅에 떨어져 죽어서 많은 열매를 맺기를 바라신다. 성령 하나님은 보혜사로 우리를 보호 인도 교통케 하시며 감동 감화를 주셔서 여러분 모두를 이 땅에서부터 저 천국까지 인도하는 영원한 동반자며 보호자가 되시는 분이다. 친구 같은 분이다. 21세기는 성령의 시대로 성령 하나님이 전면에 나서서 일하시며 나머지 성부 성자 하나님이 함께 일하신다. 지금부터 삼위일체 하나님이 누구신지 좀 더 구체적으로 알아보기로 하자.

하나님은 누구신가

성경 첫머리에 "태초에 하나님이 천지를 창조하시니라"(창 1:1)고 말씀하시며 하나님이 천지만물의 주재이심을 기록하고 있다. 태초부터 함께 계신 전능하신 삼위일체 하나님은 지금도 살아서 우주 만물을 다스리고 역사를 주관하신다. 창조주 하나님은 왜 인간을 창조하셨을까? 하나님의 놀라운 계획이 있는 것이다.

"하나님이 가라사대 우리의 형상을 따라 우리의 모양대로 우리가 사람을 만들고 그로 바다의 고기와 공중의 새와 육축과 온 땅과 땅에 기는 모든 것을 다스리게 하자 하시고 하나님이 자기 형상 곧 하나님의 형상대로 사람을 창조하시되 남자와 여자를 창조하시고 하나님이 그들에게 복을 주시며 그들에게 이르시되 생육하고 번성하여 땅에 충만하라, 땅을 정복하라, 바다의 고기와 공중의 새와 땅에 움직이는 모든 생물을 다스리라 하시니라"(창 1:26~28)고 하셨다. 하나님은 천지만물을 창조하시고 하나님의 형상을 닮은 사람을 창조하셨으니 얼마나 즐겁고 기쁘셨으면 "하나님이 그 지으신 모든 것을 보시니 보시기에 심히 좋았더라 저녁이 되며 아침이 되니 이는 여섯째 날이니라"(창 1:31)고 심히 좋으셨다고 하였다.

하나님은 자신의 형상을 닮은 사람과 교제하기를 원하셨다. 사귐을 원하셨던 것이다. 그러나 불행이도 아담과 하와의 죄로 인해 이 둘은 하나님으로부터 에덴동산에서 쫓겨났다. 선악과로 인하여 거룩한 하나님께 다가 갈수 없는 존재로 변했기 때문에 결별을 당한 것이다. 하나님도 아담과 이브도 마음이 무척 아팠을 것 같다. 세상만사가 밝음이 있으면 어두움이 있듯이 사람을 만들어 심히 좋아하셨던 하나님은 사람의 악함을 보시고 실망하여 한탄하셨다고 기록한 것을 보면 알 수 있다. 인간이 얼마나 악한 존재인지 우리 스스로 성찰해 보면 알 수 있는 대목이다.

"여호와께서 사람의 죄악이 세상에 관영함과 그 마음의 생각의 모든 계획이 항상 악할 뿐임을 보시고 땅 위에 사람 지으셨음을 한탄하사 마음에 근심하시고 가라사대 나의 창조한 사람을 내가 지면에서 쓸어버리되 사람으로부터 육축과 기는 것과 공중의 새까지 그리하리니 이는 내가 그것을 지었음을 한탄함이니라 하시니라"(창 6:5~7)고 하였다. 하나님은 더 이상 이를 묵과할 수 없어서 당대의 의인이요 하나님의 은혜를 입은 노아와 세 아들 셈, 함, 야벳과 처들을 제외한 모든 인간을 홍수로 쓸어버리셨다. 온 땅이 하나님 앞에 부서지고 무너져 강포가 땅에 충만했기 때문이다. 노아의 홍수 사건 이후 하나님은 셈의 후예 중에서 나홀의 손자이며 데라의 아들인 아브람을 택하여 하나님의 믿음의 후사로 삼으셨다. 하나님은 인간에 대한 실망으로 수많은 민족 중에 믿음의 조상이 될 만한 자질을 가진 아브람을 신중하게 선택하신 것 같다. 젊은 청년이 아닌 75세에 부르심을 받은 아브람은 하나님의 말씀에 즉각 순종하는 믿음의 인물이었기 때문이다. 한 사람이 중요한 이유다.

"여호와께서 아브람에게 이르시되 너는 본토 친척 아비 집을 떠나 내가 네게 지시할 땅으로 가라 내가 너로 큰 민족을 이루고 네게 복을 주어 네 이름을 창대케 하리니 너는 복의 근원이 될찌라 너를 축복하는 자에게는 내가 복을 내리고 너를 저주하는 자에게는 내가 저주하리니 땅의 모든 족속이 너를 인하여 복을 얻을 것이니라 하신지라 이에 아브람이 여호와의 말씀을 좇아갔고 롯도 그와 함께 갔으며 아브람이 하란을 떠날 때에 그 나이 칠십오세였더라"(창 12:1~4)고 기록하고 있다. 하나님은 성경에 나오는 수많은 인물 중에서 믿음의 조상으로 아브라함을 선택하신 것 같다. 이는 마태복음서의 첫 머리에 '아브라함과 다윗의 자손 예수 그리스도의 세계라'로 표현한 것을 보면 짐작할 수 있다.

믿음의 조상 아브라함에 대해 좀 더 알아보면 노아의 홍수로 노아와 처, 세 아들과 그들의 처들 외에 아담으로부터 출생한 모든 인간은 홍수로 다 멸절되었다. 성경에 기록한 노아의 내력을 자세히 살펴보면(창 5:3~32), 아담으로부터 노아의 아버지 라멕까지 아담의 후손들이 동시대에 함께 동거한 것을 볼 수 있다. 최고참 할아버지인 아담으로부터 노아의 아버지 라멕까지 9대가 동시대에 함께 살았으며 아담은 한참 손자인 노아의 아버지 라멕과 56년간 살았다.

노아는 아담 할아버지를 직접 보지는 못했지만 아버지 라멕과 595년을 살면서 아버지로부터 인류의 시조인 최고참 할아버지 아담과 할머니 이브에 관한 이야기와 그 사이의 수많은 할아버지 할머니들의 이야기를 들었을 것이다. 죄악이 얼마나 무서운지도 배웠을 것이고 죄악이 관영한 세태를 경계도 했을 것이다. 노아는 600세 때 홍수 심판에서 살아남아 이후 350년을 더 향수하다가 950세에 하나님께로 돌아갔다.

노아의 계보를 살펴보면, 노아 500세에 장자인 셈을 낳고 셈은 아버지 노아와 450년을 동거했다. 셈은 홍수 때 나이가 100세였다. 이후 셈은 600세를 살면서 후손인 아브라함의 아버지 데라까지 9대가 함께 살았다. 아브라함의 아버지 데라는 셈 할아버지와 58년을 동거(창 11:11~26)하면서 셈으로부터 노아 할아버지에 관한 이야기와 윗대 할아버지와 최고참 할아버지 할머니인 아담과 이브의 이야기를 자주 들었을 것이다. 데라는 아들 아브람에게 이를 전수했을 것이고 아브람이 하나님의 명령에 순종하여 75세에 하란을 떠날 때까지 아버지 데라로부터 반복하여 천지 창조와 죄에 관한 이야기, 에덴동산에서 쫓겨난 이야기, 홍수이야기, 바벨탑 이야기 등을 들었을 것이다.

따라서 하나님은 노아의 후손들 중에서 당신의 영원한 기업이 될 만한 재목인 아브라함을 믿음의 조상으로 선택하신 것 같다. 아브라함이 하나님을 믿으니 하나님은 이를 의로 여기셨다고 성경은 기록하고 있기 때문이다.

예수그리스도는 누구신가

마태는 "아브라함과 다윗의 자손 예수그리스도의 세계라"(마1:1)로 신약성경을 시작하면서 구약성경과 신약성경이 하나이며 한 말씀임을 연결하고 있다. 삼위일체 하나님이 한 분이심을 암시하고 있는 것이다. 구약성경의 하나님과 신약성경 하나님인 예수그리스도는 패러다임의 변화로 볼 수 있다. 왜냐하면 영이신 하나님이 육신을 가진 모습으로 오셨기 때문이다. 즉 영이신 하나님이 사람과 동일한 성정을 가진 육신의 하나님으로 오신 것이다. 경천동지할만한 놀라운 사건인 것이다. 성경의 저자 중에서 사도 요한은 누구보다도 영성이 뛰어나고 영적인 통찰력과 분별력이 탁월한 제자였음을 그의 기록을 통해서 알 수 있다.

"태초에 말씀이 계시니라 이 말씀이 하나님과 함께 계셨으니 이 말씀은 곧 하나님이시니라 그가 태초에 하나님과 함께 계셨고 만물이 그로 말미암아 지은 바 되었으니 지은 것이 하나도 그가 없이는 된 것이 없느니라"(요 1:1~3)며 성부 하나님과 성자 하나님과 성령 하나님이 태초부터 함께 계셨음을 영적인 능력으로 깨달은 것 같다. 영안이 열렸던 것이다. 요한은 특별한 영적인 능력의 소유자였던 것 같다. 필자는 지금도 이 세상에 수많은 특별한 인재들이 있음을 보고 감탄할 뿐이다. "태초부터 있는 생명의 말씀에 관하여는 우리가 들은 바요 눈으로 본 바요 주목하고 우리 손으로 만진 바라 이 생명이 나타내신바 된지라 이 영원한 생명을 우리가 보았고 증거하여 너희에게 전하노니 이는 아버지와 함께 계시다가 우리에게 나타내신바 된 자니라"(요일 1:1~2)며 예수그리스도가 누구신지 그의 정체성을 명확하게 기록하고 있다.

예수그리스도의 수제자 중 한 명인 베드로도 다윗의 말을 인용하여 예수그리스도를 다음과 같이 묘사하고 있다. "다윗이 저를 가리켜 가로되 내가 항상 내 앞에 계신 주를 뵈웠음이여 나로 요동치 않게 하기 위하여 그가 내 우편에 계시도다 이러므로 내 마음이 기뻐하였고 내 입술도 즐거워하였으며 육체는 희망에 거하리니 이는 내 영혼을 음부에 버리지 아니하시며 주의 거룩한 자로 썩음을 당치 않게 하실 것임이로다 주께서 생명의 길로 내게 보이셨으니 주의 앞에서 나로 기쁨이 충만하게 하시리로다 하였으니"(행 2:25~28)라며 예수그리스도가 다윗 윗대부터 즉 태초부터 하나님과 함께 계셨음을 기록하고 있다.

성령님은 누구신가

예수님은 예루살렘에 입성하여 제자들의 발을 씻기시는 것을 마지막으로 사역을 마치고 잡히시기 전에 제자들에게 장차 오실 성령 하나님에 대해 말씀하셨다. "내가 아버지께 구하겠으니 그가 또 다른 보혜사를 너희에게 주사 영원토록 너희와 함께 있게 하시리라 저는 진리의 영이라 세상은 능히 저를 받지 못하나니 이는 저를 보지도 못하고 알지도 못함이라 그러나 너희는 저를 아나니 저는 너희와 함께 거하심이요 또 너희 속에 계시겠음이라"(요14:16~17)고 성령께서 너희 마음속에 오셔서 인도하실 것을 말씀하신 것이다.

"보혜사 곧 아버지께서 내 이름으로 보내실 성령 그가 너희에게 모든 것을 가르치시고 내가 너희에게 말한 모든 것을 생각나게 하시리라"(요14:26)며 성령 하나님의 정체와 성령의 시대를 예고하는 말씀을 하신 것이다. 이로써 개략적으로나마 삼위일체 하나님이 우리의 마음속에 내주하시고 어떤 역할을 하시는지 그의 정체성을 알 수 있게 됐다. 구약성경에서는 하나님이 일선에서 일하시고 복음서에서는 예수그리스도가 일선에서 일하시고 부활 승천하신 후는 성령 하나님이 일선에서 일하시며 두 분의 하나님은 후방에서 동시에 일하시는 모습으로 이해하면 될 것 같다.

삶의 현장에서 주도하시며 역사하시는 성령 하나님과 함께 두 분 성부 성자 하나님은 동시에 각 자의 역할과 사명을 감당하시는 것으로 이해하면 될 것 같다. 성부 하나님께서 전면에서 일하실 때 성자 예수님과 성령 하나님도 동시에 말씀으로 함께 역사하셨다는 의미다. 복잡할 수 있으나 이를 강조하는 이유는 성령 하나님의 역사가 중요하기 때문이다. 여러분들이 기도에 힘써야 할 이유다. 그러나 내 마음속에 삼위일체 하나님이 내주하시기 때문에 구분지을 필요는 없다. 이해를 돕기 위해서 구분한 것이니 참고하기 바란다.

지금은 성령 하나님이 일선에서 일하신다. 성령 하나님의 도움으로 우리가 하나님을 경배하며 찬양할 수 있으며 예수그리스도가 우리의 구세주이며 만주의 주되심을 알 수 있는 것이다. 이 모든 것을 알 수 있도록 성령께서 깨우쳐 주시며 보호 인도하시며 많은 은사를 주시고 성령의 열매를 맺게 하신다. 성령 하나님은 우리 각자를 하나님의 전신갑주로 입히시고 이 세상으로부터 저 천국까지 인도하시고 보호하시며 영원히 함께하시는 나의 가장 귀한 친구며 보호자며 영원하신 기업이시다. 따라서 나는 어떤 존재이며 남은 삶을 무엇을 위해 살아야 하는지 나의 정체성과 나의 갈 길과 사명을 식별할 수 있다. 때문에 삼위일체 하나님이 누구신지 알아야 하고 이를 위해서 성경을 읽고 묵상하고 삶에 적용해야 하는 것이다.

복잡하게 언급을 했지만 믿음이란 단순해야 한다. "믿음은 바라는 것들의 실상이요 보지 못하는 것들의 증거니 선진들이 이로써 증거를 얻었느니라"(히11:1~2)고 말씀하고 있다. 말씀을 믿고 행하면 된다. 말씀이 복잡하면 되겠는가. 우리는 성경말씀을 통해 이미 다 이루어 놓으신 것을 믿고 행하면 되는 것이다. 믿음은 성령의 다양한 은사 중의 하나다. 믿음이 부족하면 성령 하나님께 구하라. 성령의 은사는 지혜의 말씀, 지식의 말씀, 믿음, 병 고치는 은사, 능력 행함, 예언함, 영들 분별함, 방언함, 방언 통역함 등이 있다. 더욱 귀한 은사는 사랑이다. 사랑을 구하라.

"그런즉 이 일에 대하여 우리가 무슨 말 하리요 만일 하나님이 우리를 위하시면 누가 우리를 대적하리요 자기 아들을 아끼지 아니하시고 우리 모든 사람을 위하여 내어 주신 이가 어찌 그 아들과 함께 모든 것을 우리에게 은사로 주지 아니하시겠느뇨"(롬8:31~32)라고 말씀하셨기 때문이다. 하나님께 구할 때 믿음으로 주실 것을 믿고 구해야 한다. "너희 중에 누구든지 지혜가 부족하거든 모든 사람에게 후히 주시고 꾸짖지 아니하시는 하나님께 구하라 그리하면 주시리라 오직 믿음으로 구하고 조금도 의심하지 말라 의심하는 자는 마치 바람에 밀려 요동하는 바다 물결 같으니 이런 사람은 무엇이든지 주께 얻기를 생각하지 말라 두 마음을 품어 모든 일에 정함이 없는 자로다"(약1:5~8)고 하였다. 믿음은 말씀과 기도와 행함의 결과물이다. 따라서 말씀과 기도와 행함이 중요한 이유다.

성경, 무엇에 중점을 두고 읽어야 하는가

"태초에 하나님이 천지를 창조하시니라"(창1:1) 아득한 먼 옛날 태초에 하나님은 천지만물을 만드셨다고 성경 첫머리에 선포하셨다. 하나님이 천지만물의 주재시라는 것이다. 성경은 삼위일체 하나님의 말씀이다. 하나님은 천지만물을 창조하시고 하나님의 형상대로 인간을 창조하셨다. 하나님의 영과 동일한 영의 모습으로 인간을 만드신 것이다. 하나님은 대화 파트너로 사람을 만드신 것 같다.

인간의 죄악이 온 세상에 가득하자 하나님은 사람을 만드신 것을 후회하시며 인간을 쓸어버리셨다. 홍수 심판 이후 인간에 대한 하나님의 큰 그림이 완성됐다. 하나님은 믿음의 조상 아브라함을 택하시고 후손인 이삭과 야곱을 이스라엘의 민족으로 선택하셨다. 하나님은 아브라함이 하나님의 말씀에 전적으로 순종하는 믿음의 사람이었기 때문에 선택하신 것 같다.

하나님은 야곱의 열두 아들을 이스라엘의 12지파 조상으로 삼으셨다. "그 사람이 가로되 네 이름을 다시는 야곱이라 부를 것이 아니요 이스라엘이라 부를 것이니 이는 네가 하나님과 사람으로 더불어 겨루어 이기었음이니라"(창32:28)며 하나님은 야곱의 이름을 이스라엘로 바꿔 주셨다.

하나님은 모든 민족 중에서 이스라엘 민족을 택하셔서 우주와 자연의 질서는 물론 세상의 질서가 하나님의 경영하심에 있음을 분명히 하시고 인간의 생사화복과 국가와 민족의 흥망성쇠가 오직 하나님의 주권 하에 있음을 기록하여 모든 민족의 본이 되게 하셨다.

성경은 예수그리스도를 통해서 모든 민족이 하나님의 구원을 받도록 설계한 비경(秘經)이다. 성경은 모든 민족을 대표하여 이스라엘을 하나의 사례로 삼으신 하나님의 그 크신 사랑에 초점을 맞춰서 읽고 우리의 삶에 적용해야 할 말씀이다. 성경은 이 세상에 존재하는 모든 만물과 악한 영의 세력까지 하나님의 섭리가운데 역사하고 있음을 기록한 경전(經典)이다. 즉 개인사는 물론 민족과 우주와 어둠의 영의 세계까지 다스리고 통치하시는 하나님의 말씀으로 읽고 순종해야 할 경전 중의 경전인 비경인 것이다.

"모든 정사와 권세와 능력과 주관하는 자와 이 세상뿐 아니라 오는 세상에 일컫는 모든 이름 위에 뛰어나게 하시고 또 만물을 그 발아래 복종하게 하시고 그를 만물 위에 교회의 머리로 주셨느니라 교회는 그의 몸이니 만물 안에서 만물을 충만케 하시는 자의 충만이니라"(엡1:21~23)고 하였다. 사람은 정체성이 중요하다. 부모를 모른 채 외국에 입양된 젊은이들이 뿌리를 찾고자 노력하는 이유는 자신을 낳은 부모가 그리워서 찾는 것이 아니라 도대체 내가 누구인지 내 정체성을 알고자 하는 이유가 많다고 한다. 우리의 정체성은 삼위일체 하나님을 아는데 있다. 삼위일체 하나님이 누구인지 모른다면 내가 어떻게 믿음을 가지고 신앙생활을 할 수 있겠는가? 삼위일체 하나님이 누구신지 알아야 제대로 된 믿음 생활을 할 수 있다.

"믿음이 없이는 기쁘시게 못하나니 하나님께 나아가는 자는 반드시 그가 계신 것과 또한 그가 자기를 찾는 자들에게 상주시는 이심을 믿어야 할찌니라"(히11:6)고 성경은 말씀하고 있다. 신약성경은 하나님의 사랑을 기록한 책으로 독생자 예수그리스도를 이 땅에 보내사 인류의 모든 죄악을 대속하신 십자가의 사랑과 은혜와 보혜사 성령 하나님의 역사하심을 기록한 책으로 유대인은 물론 이방인을 구원하고자 기록했다. 오직 예수그리스도와 성령 하나님의 역사에 초점을 맞춰서 읽으면 큰 은혜가 될 것이다. 복음서는 예수그리스도에 관한 이야기며 사도행전 이후부터는 성령 하나님의 역사하심을 기록한 책으로 영적 권세와 능력에 초점을 맞춰 읽으면 큰 은혜가 될 것이다.

하나님은 유대인은 물론 이방인도 예수그리스도의 십자가의 보혈을 믿으면 하나님의 자녀로 삼으시겠다고 약속하신 것이다. 영이신 하나님은 육신을 가진 인간의 한계를 긍휼히 보시고 인간의 모습을 한 아들 예수그리스도를 이 땅에 보내셨다. 메시아를 기다린 유대인들에게는 엄청난 패러다임의 변화다. 하나님 아버지는 모든 인간을 구원하기 위해 당신의 아들을 인간과 동일한 모습으로 이 땅에 보내신 것이다. "**하나님이 세상을 이처럼 사랑하사 독생자를 주셨으니 이는 저를 믿는 자마다 멸망치 않고 영생을 얻게 하려 하심이니라**"(요3:16)고 말씀하셨다. 하나님은 육신의 한계를 극복하고 거룩한 하나님께 나아오는 방법을 말씀하셨다. 하나님께 신령과 진정으로 나올 수 있도록 산상수훈의 첫머리에 기가 막힌 말씀을 주신 것이다. 구약에서 약속하신 복에 대한 개념에 영적인 복을 어떻게 받는지 기록한 말씀이다. 영적인 복을 받을 때 육신의 복을 겸하여 받는다는 말씀이다.

"심령이 가난한 자는 복이 있나니 천국이 저희 것임이요 애통하는 자는 복이 있나니 저희가 위로를 받을 것임이요 온유한 자는 복이 있나니 저희가 땅을 기업으로 받을 것임이요 의에 주리고 목마른 자는 복이 있나니 저희가 배부를 것임이요 긍휼히 여기는 자는 복이 있나니 저희가 긍휼히 여김을 받을 것임이요 마음이 청결한 자는 복이 있나니 저희가 하나님을 볼 것임이요 화평케 하는 자는 복이 있나니 저희가 하나님의 아들이라 일컬음을 받을 것임이요 의를 위하여 핍박을 받는 자는 복이 있나니 천국이 저희 것임이라 나를 인하여 너희를 욕하고 핍박하고 거짓으로 너희를 거스려 모든 악한 말을 할 때에는 너희에게 복이 있나니 기뻐하고 즐거워 하라 하늘에서 너희의 상이 큼이라 너희 전에 있던 선지자들을 이같이 핍박하였느니라"(마5:3~12)고 말씀하였다.

즉 심령이 가난한 자, 애통하는 자, 온유한 자, 의에 주리고 목마른 자, 긍휼히 여기는 자, 마음이 청결한 자, 화평케 하는 자, 의를 위하여 핍박을 받는 자, 나를 인하여 너희를 욕하고 핍박하고 거짓으로 너희를 거슬러 악한 말을 할 때 복이 있다고 말씀하고 있다. 지금까지 대제사장을 비롯한 유대의 관원들이 가르치고 강조한 모세의 율법의 껍데기와는 사뭇 다른 교훈으로 예수께서는 인간의 마음의 중심을 보셨던 것이다. 즉 율법의 정신을 꿰뚫어 보신 것이다.

예수그리스도는 공생애 3년이라는 짧은 기간에 엄청난 사역을 하셨다. 산상수훈에 더하여 서로 사랑하라는 새 계명을 주심으로 율법을 완성하셨으며 십자가의 보혈로 죄 덩어리인 인간이 하나님께 나아갈 수 있는 길을 여신 것이다. 죄로부터의 자유와 평강을 주신 것이다. 만약 하나님이 율법으로만 세상을 심판하면 남아 있을 자가 누가 있겠으며 십자가의 보혈이 아니면 어느 누가 거룩하신 하나님께 나갈 수 있겠는가? 우리가 곰곰이 생각해 보면 하나님이 나 같은 죄인을 얼마나 사랑하시는지 알 수 있는 대목이다.

"여호와의 자비와 긍휼이 무궁하시므로 우리가 진멸되지 아니함이니이다 이것이 아침마다 새로우니 주의 성실이 크소도이다"(애3:22~23)고 하였다. 하나님께서는 날마다 자비와 긍휼로 우리 죄를 씻어주시고 용서해 주시니 아침마다 새롭게 하나님께 나아갈 수 있는 것이다. 예수께서 이 땅에 오신 목적은 다음과 같다. "예수께서 온 갈릴리에 두루 다니사 저희 회당에서 가르치시며 천국복음을 전파하시며 백성 중에 모든 병과 모든 약한 것을 고치시니"(마:4:23)라고 말씀하였다. 즉 성경 말씀을 가르치고 복음을 전파하며 모든 질병과 인간의 모든 문제와 약한 것들을 해결해 주시고 고쳐주시기 위해 오신 것이다. 사도들은 물론 예수그리스도의 직접 부르심을 받아 사도가 된 바울도 예수께서 이 땅에서 하신 것과 같은 동일한 사역을 하였다.

21세기에 사는 우리들도 동일한 사역을 하도록 같은 믿음을 주신 것이다. 이 땅에서 가장 대표적으로 이와 같은 사역을 하신 분이 여의도순복음교회 조용기 목사다. 교회의 성장이 결과를 말해준다. 여러 의견이 있을 수 있지만 그 분의 설교를 들어보면 말씀을 가르치시며 천국복음을 전하시고 병든 자와 약한 자를 고치셨다. 큰 틀에서 보면 대한민국과 하나님 나라에 보배로운 분이라 생각한다. 하나님은 이 땅의 모든 이방 족속을 사랑하셔서 예수그리스도의 십자가 보혈을 통해서 하나님 아버지께로 갈 수 있는 길을 열어 주셨다. 이는 오직 '예수그리스도'라는 '브릿지(다리)'를 통해서 하나님과 인간을 연결시켜 주신 것이다.

예수그리스도를 믿음으로 우리는 하나님의 자녀가 되는 권세를 누리게 된 것이다. "영접하는 자 곧 그 이름을 믿는 자들에게는 하나님의 자녀가 되는 권세를 주셨으니 이는 혈통으로나 육정으로나 사람의 뜻으로

나지 아니하고 오직 하나님께로서 난 자들이니라"(요1:12~13)고 말씀하셨다. 오직 예수그리스도의 십자가의 사랑만이 구원의 실체인 것이다. 예수그리스도의 십자가 죽음과 부활 승천하신 후 오순절 날이 이르매, 성령 하나님이 역사의 전면에 등장하신다. "사도와 같이 모이사 저희에게 분부하여 가라사대 예루살렘을 떠나지 말고 내게 들은바 아버지의 약속하신 것을 기다려라 요한은 물로 세례를 베풀었으나 너희는 몇 날이 못되어 성령으로 세례를 받으리라 하셨느니라"(행1:4~5)며 보혜사 성령의 시대를 선포하셨다.

사도행전과 로마서 고린도서 갈라디아서 등으로 이어지는 바울서신과 유대인들을 대상으로 작성한 히브리서, 이어지는 야고보서 베드로서 요한 등의 공동서신은 성령 하나님의 역사를 기록한 책이다. 성경학자들은 사도행전을 평가할 때 구약의 이스라엘의 역사서와 같이 신약에서도 일반적인 역사서로 평가하나 사도행전은 성령 하나님의 역사서로 평가하는 것이 맞는 것 같다. 왜냐하면 성령 하나님의 주도로 베드로를 비롯한 사도들의 행적과 이방인을 대상으로 한 바울사도의 행적을 성령 하나님의 인도하심을 통하여 기록되었기 때문이다. 특히 성령이 충만한 스데반 집사의 연설과 순교의 현장은 가히 압권이다. 스데반 집사는 천지창조로부터 이스라엘의 역사를 손바닥을 보듯이 꿰뚫고 있었으며 독생자 예수그리스도를 죽인 유대관원들을 향해 준엄한 심판을 경고하는 대목이 나온다. 스데반 집사의 순교를 계기로 사도바울의 회심이 있었고 바울을 통하여 유대교의 이단(?)인 기독교는 팔레스타인 가나안 땅에서 지중해 전역을 다스리는 로마제국의 전 지역으로 퍼지게 되었다.

이스라엘 민족이 섬기던 유일신 하나님이 성령 하나님의 역사로 전 세계인이 믿는 삼위일체의 하나님의 기독교로 거듭난 것이다. 이로써 예수그리스도를 이 땅에 보내신 하나님의 목적이 성취된 것이다. 할렐루야! 할렐루야! 할렐루야! 아멘! 아멘! 아멘!

여호와께서 이르시기를 "그가 가라사대 네가 나의 종이 되어 야곱의 지파들을 일으키며 이스라엘 중에 보전된 자를 돌아오게 할 것은 오히려 경한 일이라 내가 또 너로 이방의 빛을 삼아 나의 구원을 베풀어서 땅 끝까지 이르게 하리라"(사49:6)한 말씀이 마침내 성취됐다는 사실이다. 예루살렘의 시므온도 성령의 인도함을 받아 율법의 전례대로 요셉과 마리아가 아기 예수를 데리고 나오니 "시므온이 아기를 안고 하나님을 찬송하여 가로되 주재여 이제는 말씀하신 대로 종을 평안히 놓아 주시는도다 내 눈이 주의 구원을 보았사오니 이는 만민 앞에 예비하신 것이요 이방을 비추는 빛이요 주의 백성 이스라엘의 영광이니이다 하니"(눅 2:28~32)라고 감격하여 말씀하시는 장면이다.

필자는 성경의 66권 중에서 특히 사도행전을 좋아하기 때문에 몇 번을 읽었는지 기억할 수는 없지만 수백 번 반복해서 읽었던 것 같다. 사도행전은 일반적인 역사서라기보다는 성령 하나님의 역사서 즉 성령의 역사서로 평가하고 싶은 이유다.

예수께서 십자가의 처형을 앞두고 제자들에게 보혜사 성령을 주실 것을 약속하시는 장면이다. "내가 아버지께 구하겠으니 그가 또 다른 보혜사를 너희에게 주사 영원토록 너희와 함께 있게 하시리니 저는 진리의 영이라 세상은 능히 저를 받지 못하나니 이는 저를 보지도 못하고 알지도 못함이라 그러나 너희는 저를 아나니 저는 너희와 함께 거하심이요 또 너희 속에 계시겠음이라"(요14:16~17)며 성령의 시대를 예고하셨다. 성령 하나님의 역사로 복음은 아시아에서 유럽의 관문인 마케도니아로 건너가서 로마제국에 전파됐다. 기독교는 소수 유대인을 넘어 전 세계인이 믿는 신앙으로 성장 발전했으며 가나안 지경에 머무르던 유일신 토속신앙이 로마 제국을 거쳐 전 세계로 확산된 것이다.

"오직 성령이 너희에게 임하시면 너희가 권능을 받고 예루살렘과 온 유대와 사마리아와 땅 끝까지 이르러 내 증인이 되리라 하시니라"(행1:8)의 말씀이 이루어진 것이다. 사도바울은 예수 믿는 자를 핍박하기 위해 다메섹으로 가다가 예수님의 직접 부르심을 입은 사도다. 성령 하나님의 역사는 사도바울의 제자이며 동역자인 의사 누가가 복음을 전하기 위해 예수님의 행적인 누가복음과 사도행전을 기록하면서 알려졌다. 성령의 역사인 사도행전을 기록하기 위해 누가복음을 썼다 해도 과언이 아닐 정도다. 누가는 바울의 솔선수범과 간증을 통하여 성령 하나님의 역사를 그의 서신 서를 통해 기록하였으며 나머지 사도들도 예수그리스도가 유대 백성들이 그토록 고대하고 기다리던 메시아며 예수께서 부활 승천하신 후 보혜사 성령 하나님의 역사를 공동 서신에 기록함으로써 믿지 않는 유대인들을 깨우려 하였다.

바울은 "너희가 하나님의 성전인 것과 하며 하나님의 성령이 너희 안에 거하시는 것을 알지 못하느뇨"(고전3:16)며 성령 하나님이 우리와 항상 함께 계심을 알려준 인물이다. 바울은 그가 현장에서 체험한 수많은 성령의 역사의 감동들을 편지로 써서 예루살렘 총회를 비롯한 교회들과 사도와 그의 제자들에게 성령 하나님의 역사하심을 생생하게 증언한 인물이다. 바울의 서신서로 인하여 유대인과 율법의 논쟁이 정리되었으며 삼위일체 하나님을 예루살렘과전 세계에 알리어 복음을 전한 인물이다. 교리적인 것은 로마서 갈라디아서 히브리서 등을 참고하면 될 것 같다.

바울은 체험적인 신앙을 통하여 "십자가의 도(道)가 멸망하는 자들에게는 미련한 것이요 구원을 얻는 우리에게는 하나님의 능력임"(고전1:18)

을 선포하였다. "기록된바 하나님이 자기를 사랑하는 자들을 위하여 예비하신 모든 것은 눈으로 보지 못하고 귀로도 듣지 못하고 사람의 마음으로도 생각지 못하였다 함과 같으니라 오직 하나님이 성령으로 이것을 우리에게 보이셨으니 성령은 모든 것 곧 하나님의 깊은 것이라도 통달하시느니라"(고전2:9~10)고 성령의 능력을 말씀하셨다. 우리도 성령의 인도하심으로 예수그리스도의 십자가의 도(道)를 알 수 있으며 하나님 아버지의 깊은 것이라도 깨달아 알 수 있게 된 것이다. 성령 하나님의 인도함이 없이 신앙생활을 한다면 자신의 믿음 생활을 점검해 볼 필요가 있다.

"내 말과 내 전도함이 지혜의 권하는 말로 하지 아니하고 다만 성령의 나타남과 능력으로 하여 너희 믿음이 사람의 지혜에 있지 아니하고 다만 하나님의 능력에 있게 하려 하였노라"(고전2:14~15)의 말씀을 따르는지 자신을 성찰해 봐야 할 것이다. 성령 하나님은 특히 각 자에게 필요한 은사를 주신다. "은사는 여러 가지나 성령은 같고 직임은 여러 가지나 주는 같으며 또 역사는 여러 가지나 모든 것을 모든 사람 가운데서 역사하시는 하나님은 같으니 각 사람에게 성령의 나타남을 주심은 유익하게 하려 하심이라 어떤 이에게는 성령으로 말미암아 지혜의 말씀을, 어떤 이에게는 같은 성령을 따라 지식의 말씀을, 다른 이에게는 같은 성령으로 믿음을, 어떤 이에게는 한 성령으로 병 고치는 은사를, 어떤 이에게는 능력 행함을, 어떤 이에게는 예언함을, 어떤 이에게는 영들 분별함을, 다른 이에게는 각종 방언 말함을, 어떤 이에게는 방언들 통역함을 주시나니 이 모든 일은 같은 한 성령이 행하사 그 뜻대로 각 사람에게 나눠 주시느니라"(고전12:4~11)고 말씀하셨다. 성령 하나님께서 내주하셔서 우리를 보호하시고 인도하시며 교통하시고 감화 감동을 주셔서 이 세상을 승리하도록 이끄시기 때문에 우리는 성령 하나님이 주시는 은사를 사모해야 한다. 삼위일체 하나님이 누구신지를 정확히 알아야 나의 정체성과 세상에서 승리하며 살 수 있기 때문이다.

지피지기(知彼知己)면 백전백승(百戰百勝)이라 할 것이요. 성령 하나님께서 각자에게 다양한 성령의 은사를 주셨기 때문에 우리는 받은 달란트대로 인생을 승리하며 살아가는 것이다. 성령 하나님께 많은 은사를 구하라. 입을 크게 벌려라 채우실 것이다. "네 시작은 미약하였으나 네 나중은 심히 창대하리라"(욥8:7)

우리가 세상을 살아가면서 중요하게 생각하는 것은 내가 하고 있는 일의 결과다. 나무의 열매를 보고 그 나무를 알 수 있듯이 성령의 열매로 우리의 삶을 평가할 수 있다. "내가 이르노니 너희는 성령을 좇아 행하라 그리하면 육체의 욕심을 이루지 아니하리라 육체의 소욕은 성령을 거스리고 성령의 소욕은 육체를 거스리나니 이 둘이 서로 대적함으로 너희의 원하는 것을 하지 못하게 하려 함이니라"(갈5:16~17)고 하였다.

"오직 성령의 열매는 사랑과 희락과 화평과 오래 참음과 자비와 양선과 충성과 온유와 절제니 이 같은 것을 금지할 법이 없느니라 그리스도의 사람들은 육체와 함께 그 정과 욕심을 십자가에 못 박았느니라 만일 우리가 성령으로 살면 또한 성령으로 행할지니 헛된 영광을 구하여 서로 격동하고 서로 투기하지 말찌니라"(갈5:22~26)고 말씀한 것이다.

베드로와 요한과 야고보 등은 마가의 다락방에 모여 기도함으로써 오순절 날이 이르매 성령을 받고 예루살렘을 중심으로 총회를 구축하고 복음을 전파하는데 중심적인 역할을 하였다. 특히 이들은 히브리서에 동족인 유대인들을 상대로 복음을 전한 것을 유추해 볼 수 있다. 당시 유대 관원인 대제사장을 비롯한 율법사 서기관 바리새인 사두개인 등의 삶이 모세가 받은 율법인 하나님의 말씀과는 다르게 형식과 위선, 거짓과 기만으로 가득 찬 것을 지적하며 행함 있는 믿음을 강조한 것을 보면 순종이 그리스도인의 본분이며 행함이 얼마나 중요한지 가늠해 볼 수 있다. 한국교회의 현 주소와 동일하다고 생각한다.

행함 있는 믿음이 하나님의 축복을 받는 비결이기 때문에 십계명의 말씀을 마음과 뜻과 정성을 다해 생명처럼 지켜야 한다. 요한은 사도 중에서 특별히 영성이 가장 뛰어난 인물이었던 것 같다. 예수그리스도의 수제자였던 요한은 가장 어리면서도 예수님의 영성을 잘 이해하여 훌륭한 영적인 파트너로 예수께서 가장 아끼고 사랑하던 제자였던 것 같다. 그는 영적인 분별력과 통찰력은 물론 예지력과 상상력이 뛰어난 인물로 기록한 복음서 서신서 계시록은 환상과 꿈과 예언은 물론 예수님이 하셨던 계시의 말씀들을 가장 잘 깨달아 기록한 인물이기 때문이다.

계시록은 인간이 세상에서 태어나 마지막 천국으로 입성하여 영원한 안식인 하나님과 거하는 장면을 기록한 것으로 추정된다. 신구약 성경의 하이라이트요, 믿음의 백성들이 지향해야 할 최종상태를 표현한 것 같다. 요한계시록에 나타난 상징적인 숫자나 이해할 수 없는 환상적인 개념들은 저마다의 해석도 다르고 어렵기 때문에 구태여 알려고 할 필요도 없을 것 같다. 사람들마다 믿음이 천차만별로 이에 따라 평가를 달리할 수 있기 때문이다.

"저희가 모였을 때에 예수께 묻자와 가로되 주께서 이스라엘 나라를 회복하심이 이 때니이까 하니 가라사대 때와 기한은 아버지께서 자기의 권한에 두셨으니 너희의 알 바 아니요"(행1:6~7)라고 말씀하셨다. 성경은 창세기로 시작하여 요한계시록으로 끝을 맺고 있다. 요한계시록은 그 자체로 의미가 있는 것 같다. 첫머리는 예수그리스도께서 직접 소아시아의 일곱 개 교회에게 메시지를 전달하는 것으로 시작된다.

요한은 성령 하나님의 역사를 통해서 "예수그리스도의 계시라 이는 하나님이 그에게 주사 반드시 속히 될 일을 그 종들에게 보이시려고 그 천사를 그 종 요한에게 보내어 지시하신 것이라 요한은 하나님의 말씀과 예수그리스도의 증거 곧 자기의 본 것을 다 증거하였느니라 이 예언의 말씀을 읽는 자와 듣는 자들과 그 가운데 기록한 것을 지키는 자들이 복이 있나니 때가 가까움이라"(계 1:1~3)고 기록하고 있다. 모든 글은 첫 머리가 중요하다. 첫 머리에 필자가 무엇을 기록할지 핵심 내용이 기술되었기 때문이다. 성경 66권이 다 중요하지만 그 중에서 시작하는 창세기가 중요하고 마지막 요한 계시록이 중요한 이유다.

성경 66권도 마찬가지다. 예를 든다면 창세기 첫 구절이 중요하고 마지막 메시지가 중요하다. 성경을 읽을 때 이를 유념할 필요가 있다. 요한계시록의 마지막은 "나는 알파와 오메가요 처음과 나중이요 시작과 끝이라"며 "주 예수여 오시옵소서 주 예수의 은혜가 모든 자들에게 있을지어다 아멘"(계22:13, 21)으로 끝을 맺고 있다. 요점은 천지창조로부터 교회의 승리와 믿는 자들의 최종 구원을 말씀하신 것 같다.

앞에서 언급한 것과 같이 성경 말씀은 하나님의 말씀으로 인간의 언어로는 이를 다 표현할 수 없는 권위가 있다. 눈에 보이는 세상사뿐 아니라 보이지 않는 세상, 영과 혼과 어둠과 악한 영의 세계까지 하나님의 말씀의 의해 창조되고 다스려지고 통치되고 있기 때문이다. "하나님이 그들에게 복을 주시며 그들에게 이르시되 생육하고 번성하여 땅에 충만하라, 땅을 정복하라, 바다의 고기와 공중의 새와 땅에 움직이는 모든 생물을 다스리라 하시니라"(창1:28)고 하셨다. 하나님은 말씀으로 권세와 능력을 주셨다. "내게 능력주시는 자 안에서 내가 모든 것을 할 수 있느니라"(빌4:13)는 존재가 된 것이다.

"너희는 여호와를 만날 만한 때에 찾으라 가까이 계실 때에 부르라 악인은 그 길을 불의한 자는 그 생각을 버리고 여호와께로 돌아오라 그리하면 그가 긍휼히 여기시리라 우리 하나님께로 나아오라 그가 널리 용서하시리라 여호와의 말씀에 내 생각은 너희 생각과 다르며 내 길은 너희 길과 달라서 하늘이 땅보다 높음같이 내 길은 너희 길보다 높으며 내 생각은 너희 생각보다 높으니라"(사55:6~9)고 말씀하셨다. 하나님의 인도하심을 받는 것이 중요하다. 하나님의 말씀을 가슴에 품고 기도하며 하나님의 말씀대로 순종하고 행하는 삶은 하나님을 기쁘시게 하며 영화롭게 한다. 이겨놓은 싸움을 하는 자요, 승리가 보장된 인생을 사는 자다.

사도신경, 주기도문, 십계명

하나님의 말씀 가운데 핵심 중의 핵심이 바로 사도신경, 주기도문, 십계명이다. 우리는 주일 예배나 모든 예배 시에 대부분 사도신경과 주기도문을 암송하며 하나님께 예배를 드린다. 하나님은 영이시니 신령과 진정으로 예배를 드리는 것이다. 성경을 매일 읽고 기도하는 시간이 부족한 바쁜 현대인들에게 이 글을 통하여 한 가지 좋은 팁을 주고자 한다. 사도신경, 주기도문, 십계명을 말씀의 의미를 생각하며 믿음을 가지고 암송하고 묵상하기를 권한다.

여러분들이 하루를 시작하면서 사도신경(말씀), 주기도문(기도), 십계명(행함)을 믿음으로 암송하며 신령과 진정으로 하나님께 나아가면 여러분들은 복의 복을 받을 것이다. 사도신경의 말씀 속에 역사하는 삼위일체의 하나님의 이름이 바로 능력과 권세이며 이를 선포하는 즉시 당신 주변의 모든 악한 영과 어둠의 영과 미혹의 영은 떠나간다. 사도신경의 말씀을 건성건성 외우지 말고 믿음으로 선포하라.

주기도문은 예수께서 제자들에게 가르쳐준 기도문으로 여러분들이 기도하고자 할 때 하나님 아버지 이것 주세요 저것 주세요 필요부터 구하지 말고 주기도문의 의미 하나 하나를 되새기며 감사 기도부터 하라. 하나님이 기뻐하시기 때문이다.

십계명은 우리가 생명처럼 지켜야 할 최소한의 계명이며 마음과 행동으로 반드시 지켜야 할 계명 중의 계명이다. 인간은 믿음으로 구원받아 천국에 입성한다. "하나님이 세상을 이처럼 사랑하사 독생자를 주셨으니 이를 저를 믿는 자마다 멸망치 않고 영생을 얻게 하려 하심이라"(요 3:16) 모든 인간은 하나님께 심판을 받으며 우리의 행함과 마음의 중심을 평가 받음으로써 천국에서의 영원한 삶의 정도가 결정된다. 이 세상이나 저 세상이나 공짜가 없기 때문이다. 십계명이 중요하고 행함이 중요한 이유다. 사도신경, 주기도문, 십계명의 중요성과 의미를 필자가 강조하는 이유다. 여러분들은 매일 가정에서 일터에서 삶의 현장에서 사도신경을 암송하며 선포하면 악한 영, 어둠의 영, 미혹의 영이 떠나가고 하나님의 통치가 임하는 현장을 목도하게 될 것이다. 이로써 악한 영의 시험으로부터 벗어나 거룩하고 경건한 삶을 지속할 수 있는 것이다. 아울러 주기도문을 암송하고 선포하며 행한다면 여러분들이 원하는 모든 것들이 이루어 질 것이다. 하나님이 축복하시기 때문이다.

십계명을 지키도록 마음과 뜻과 정성을 모아 행하면 축복이 임하여 모든 질병이 떠나가고 모든 약한 것들이 회복되는 역사가 일어날 것이다. 특히 마음으로도 죄를 지면 안 된다. 성령 하나님께 의지해야 한다. 성경 말씀을 읽기 전에 사도신경, 주기도문, 십계명을 먼저 읽어라. 믿음이 부족하면 회개하고 다시 도전하라. 천국이 임할 것이다. 여러분들이 사는 이 세상이 바로 천국이 될 것이다. 가정이 천국이 될 것이며 회사와 일터에 천국이 임할 것이다. 말씀과 기도와 행함의 핵심인 이 세 가지 말씀을 일상이 바쁜 독자들에게 필자가 깨달은 팁을 준 것이다.

성경, 어떻게 읽어야 하는가

해가 바뀌고 신년이 되면 많은 사람들은 새해 결심을 한다. 그중에서도 우리는 금년도에 성경 일독을 하겠다는 목표를 세운다. 출석 교회에서도 성경 읽기 표를 제공하여 매일 몇 장씩 읽을 것을 권고한다. 필자도 군 생활을 하면서 교회의 일정에 따라 수십 년을 그렇게 매일 몇 장씩 읽는 방식으로 성경을 대했다. 작심삼일(作心三日) 용두사미(龍頭蛇尾)라 했던가. 중간에 그만두기를 반복하며 시간을 낭비한 적이 무수히 많다. 억지로라도 읽어서 성공한 적도 있으나 누군가 짜놓은 계획표대로 읽는 것은 정말 어렵다.

성경을 읽어야겠다고 결심하고 자신의 계획을 세우면 대부분은 성공한다. 어느 해는 바쁜 와중에도 3회를 완독한 적도 있다. 내 마음이 간절하고 절박했기 때문이었다. 필자의 경우 교회에서 다양한 교재로 성경 공부도 하고 통독 과정을 겪어봤으나 결과는 신통치 않았다. 성경을 읽고 공부하며 암송하고 묵상하며 통독하고자 하는 목적이 있다. 내 삶에 적용하기 위함이다. 하나님의 뜻을 알고 행해야 성공적인 삶과 행복한 삶을 살 수 있기 때문이다.

성경은 인생사와 세계사의 총합이며 우주와 자연의 질서가 녹아 있는 비경 중의 비경이다. 성경을 읽고 말씀에 순종하면 믿음을 주실 뿐만 아니라 세상을 기쁘게 살아갈 수 있는 통찰력과 분별력과 지혜와 지식을 주신다고 믿는다. 믿음이 세상을 이기는 것이다.

필자는 말씀에 순종할 때 역사가 일어나고 기도할 때 하나님의 이적과 기적의 역사가 일어나는 것을 수없이 체험하며 감사하는 생활을 해왔다. 세상적인 방식을 따르지 않고 말씀을 의지하며 순종의 삶을 추구한 결과다. 오직 하나님만 의지한다. 말씀은 소망을 주며 꿈과 비전을 주기 때문이다. 하나님은 살아 역사하신다. 성경 말씀이 살아계신 하나님이다. 하나님의 말씀을 붙잡고 기도하면 하나님은 100% 응답하신다.

필자가 이 글을 쓰는 목적은 하나님의 말씀이 삶의 중심이기 때문이다. 말씀을 붙잡고 믿음으로 인내하며 기도하면 반드시 이루어진다. 무엇이든지 반복하다 보면 도(道)의 경지에 이른다고 생각한다. 독서도 마찬가지다. 임진왜란의 참상을 겪고 이를 반성하며 징비록을 작성한 유성룡도 과거시험을 보기 위해 관악산에 들어가 여름 한 철에 논어 30번 읽었다는 기록이 나온다. 성경은 신구약 66권의 책은 구약 39권과 신약 27권이다. 3*9+27=66권이다. 66권 중에서 독자 여러분이 읽기 쉽고 관심이 있는 책부터 집중적으로 반복하여 읽을 것을 권한다.

초보자인 경우 성경을 읽을 때 신약 성경부터 읽을 것을 권고한다. 복음서를 먼저 읽어라. 우선 마태복음을 반복하여 읽어라. 계속해서 읽다가 마가복음이나 누가복음과 요한복음은 어떻게 쓰여졌나 궁금하면 마가복음을 읽고 또 읽고 무엇이 다른지 묵상해 보라. 재미있을 것이다. 새로운 깨달음이 오기 때문이다. 기록한 저자의 관점에서 말씀을 음미하면서 읽고 스스로 묻고 생각해 보라. 성경말씀의 행간 속에 수많은 보화들이 숨겨져 있는 것을 발견할 것이다.

마태복음서는 구약성경과 신약성경을 연결해 주는 핵심 고리 역할을 하는 기준서이며 영이신 하나님과 육신이신 하나님을 동시에 느낄 수 있는 복음서라고 평가하고 싶다. 예수그리스도의 본질을 가장 잘 표현한 복음서로써 성부 성자 성령 하나님의 신성과 인성을 있는 그대로 가장 잘 묘사하여 하나님이 이 땅에 오신 목적과 미래의 될 일과 우리에게 주신 마지막 사명을 가장 잘 기록한 책이라고 생각한다. 예수님의 12사도 중에서 세리 마태가 위대한 이유다.

마가복음을 읽으면 마태복음의 부록이라는 생각을 하게 된다. 왜냐하면 예수님의 다양한 이적과 기적의 현장들이 주로 묘사되었기 때문이다. 팀 켈러 목사의 경우는 이러한 다양한 사역의 사례를 역으로 추적하여 본질을 찾는 방식으로 접근했기 때문에 마가복음의 본질을 높이 평가한 것으로 짐작한다. 각자의 믿음과 달란트에 따라 성경을 해석할 수 있다. 삼위일체 하나님이 늘 중심에 있어야 한다. 미혹하는 이단들이 준동하고 있기 때문에 성경 말씀을 읽고 영들을 분별할 수 있어야 한다. 성령의 은사인 분별력을 달라 기도하면 성령께서 도와주실 것이다.

누가복음은 당시 총독인 데오빌로에게 복음을 전하기 위해 의사였던 누가가 예수님에 관한 여러 정황을 수집하여 기록한 복음서며 이어지는 사도행전은 사도들과 바울의 행적을 통해 역사하신 성령 하나님을 기록한 책이다. 필자는 복음서 중에서 예수님의 탄생과 예수님의 행적을 문학적으로 가장 아름답게 표한한 작품이 바로 누가복음서라 생각한다. 누가복음은 예수그리스도의 행적과 성령 하나님의 역사인 사도들의 행적을 기록하여 전체 맥락과 흐름을 파악하는데 도움이 되도록 기록한 측면이 있기 때문에 누가복음을 먼저 읽고 이어서 사도행전을 읽는 것이 도움이 된다고 생각한다.

순서대로 읽을 것도 권한다. 다 이유가 있기 때문이다. 모든 성경은 하나님의 감동으로 쓰여졌으며 순서도 마찬가지라고 생각한다. 사도행전을 반복하여 여러 번 읽다 보면 베드로와 사도바울이 아시아는 물론 유럽의 관문인 마케도니아 지방인 빌립보로부터 아덴(아테나) 고린도 로마 등에서 복음을 전하는 내용이 나온다.

필자의 경우 사도행전에서 바울이 고린도 교회에서 복음을 전하는 내용을 읽다 보면 바울이 후에 고린도 교인들에게 어떤 내용의 편지를 보냈는지 궁금할 때가 있다. 사도행전을 읽다가 잠시 멈추고 고린도서를 읽은 경우다. 이와 같은 방식으로 사도행전을 읽다가 고린도 갈라디아 에베소 빌립보 골로새 데살로니가 등의 서신 서를 읽으면 좀 더 바울의 상황과 하나님이 하시고자 하는 말씀의 깊이를 느낄 수가 있어서 유익하기도 하고 재미도 있고 깨달음의 기쁨을 주는 것 같다.

아울러 사도바울의 제자인 디도서와 디모데전·후서 등의 서신서를 읽을 때는 개인에게 초점을 맞출 필요가 있다. 즉 바울이 가장 사랑하고 자신의 속마음을 터놓고 편한 마음으로 진심을 다하여 쓴 디모데서의 경우 남다른 묘미가 있는 것을 발견할 수 있다. 우리는 진정 어떻게 신앙생활을 해야 승리하는지 알 수 있으며 마치 아비가 자식에게 다정다감하게 때로는 유언과 같이 당부한 서신서가 디모데서라고 생각한다. 필자는 바울을 통해서 왜 그와 같은 말씀을 주었는지 성령님께 자주 질문을 하며 서신 서를 묵상하곤 한다. 이와 같은 방식으로 구약의 모세오경과 역사서 시가서 예언서를 읽고 신약의 복음서와 역사서 바울서신 공동서신 요한계시록을 읽는다.

모세오경도 마찬가지다. 각 책의 의미를 생각하며 반복하여 성경을 읽는다면 훨씬 더 풍성함을 체험할 수 있을 것이다. 특히 신명기를 반복하여 읽기 바란다. 하나님의 마음을 읽을 수 있기 때문이며 하나님은 무엇을 좋아하고 싫어하시는지 어떤 것이 핵심인지 깨달을 수 있기 때문이다. 인생사와 국가의 흥망사를 기록한 역사서와 시가서 예언서를 읽다 보면 성경 전체를 조망하는 맛도 있으며 하나님은 아브라함과 다윗의 어떤 면을 높이 평가했는지 솔로몬은 어떻게 평가했는지 묵상해 보는 것도 좋을 것이다. 21세기의 세계질서와 동북아의 질서를 가늠해 보며 남북한의 상황을 조명해 볼 수 있는 하나님의 말씀이기 때문이다.

다시 말하지만 하나님이 무엇을 중히 여기고 무엇을 싫어하시는지 알 수 있다. 예언서는 대부분 하나님의 사람인 선지자들이 개인과 국가의 흥망사는 물론 메시아 탄생의 예고를 통하여 우리가 세상을 보는 안목을 높여주고 통찰력과 분별력과 상상력을 열어주는 것 같다. 인물별로 읽는 것도 재미있다. 요한복음을 읽고 이어서 요한일, 이, 삼서와 요한계시록을 읽는 것이다. 사도 요한은 성경에 등장하는 수많은 인물 중에 가장 영안이 열린 인물이기 때문에 요한이 기록한 책을 보면 감탄사가 절로 나온다.

히브리서와 야고보 베드로 요한 유다서를 읽으면 예수께서 유대인에게 무엇을 강조하고 중요하게 여겼는지 이해하는데 도움이 되며 말씀이 풍성하게 다가오는 것을 느낄 수 있다. 왜냐하면 사도바울이 이방인을 대상으로 복음을 전하는 것과는 약간의 다른 뉘앙스를 풍기는 것을 느낄 수가 있기 때문이다. 특히 예수께서는 당시 유대의 관원들인 대제사장 율법사 서기관 바리새인 사두개인들의 위선과 거짓과 기만과 동족을 대상으로 한 종교적인 사기 행위를 경고했기 때문이다. 이들 유대인 사도들은 행함 있는 믿음을 강조했다. 이들은 하나님께서 주신 십계명을 지키지 아니하고 형식과 제도에 얽매여 지키는 시늉만 했기 때문에 예수께서 이를 심히 질타한 것이다.

　모든 인간은 하나님 앞에 서는 날 심판 주이신 예수그리스도로부터 각자의 행함으로 심판을 받는다. 이는 영원히 죽느냐 사느냐의 갈림길이며 천국에서 어떤 모습으로 살 것인가를 평가받기 때문에 중요한 것이다. 한국의 대형교회의 어떤 목사는 성경을 수천 번을 읽었다는 말을 들었다. 대부분의 신자들이 우상처럼 섬기는 분인데 중요한 것은 말씀대로 행했느냐 아니했느냐가 삶의 중요한 척도일 것이다. 탈북자들도 성경을 수백 번씩 통독했다고 하는 인물들을 가끔 만난다. 그 중에 목사가 된 분도 있고 평신도로 열심히 배달 일을 하면서 생활하는 분도 있다.

　필자는 현역에 복무할 시 장병들에게 100세 시대가 되었으니 성경을 백 번은 읽어야 할 것임을 강조하였다. 행함이 중요한 이유는 "영혼 없는 몸이 죽은 것 같이 행함이 없는 믿음은 죽은 것이니라"(약2:26)고 말씀하였다. 스스로 변화하도록 말씀을 붙잡고 기도하며 행함 있는 삶이 뒤따라야 한다. 순종함이 어렵기 때문에 성령께 도움을 주시도록 기도하는 것이다. 이로써 비로소 성령의 역사가 시작된다. 인내와 헌신이 필요한 이유다.

　필자는 성경을 왜 읽어야 하며 무엇에 초점을 맞춰 어떻게 읽을 것인가를 생각하게 된 계기가 있다. 말씀을 삶에 적용하기 위하여 더욱 뜻으로 성경을 읽고 묵상하는데 도움이 되었기 때문이다.

　십여 년 전 어느 날 육군본부교회에서 신우회 목사가 룻기의 말씀을 전하는데 룻이 다윗 왕과 예수그리스도의 조상이 된 것에 초점을 맞춰 설교했다. 말씀을 듣는 동안 필자는 도대체 시어머니 나오미가 어떤 여인인지 궁금했다. 나오미는 모압 땅에서 남편과 아들 둘을 잃은 박복한 여인이었으나 그녀의 행실이 얼마나 훌륭하고 대단했으면 남편도 없는 며느리 룻이 고향 땅 부모형제와 일가친척을 버리고 한사코 만류하는 시어머니의 고향인 베들레헴까지 따라 가고자 했는지 궁금했던 것이다. 시어머니 나오미의 심정과 그녀의 리더십에 초점을 맞춰서 룻기를 읽고 묵상하니 새로운 감동이 밀려왔다. 이를 계기로 필자는 성경을 글자와 문장으로 읽지 않고 하나님은 왜 이 대목에서 이 말씀을 하시는지 무엇 때문에 이 사건이 일어났는지 성경을 입체적으로 묵상하고 그 뜻을 생각하며 말씀을 대하기 시작했다.

함석헌 선생이 우리 민족의 역사를 하나님의 뜻으로 본 개념과 비슷하다. 성경의 등장인물 중에 사라를 비롯한 리브가, 다말, 라합, 나오미, 마리아 등 많은 훌륭한 믿음의 여인들이 등장하는데 이들의 믿음과 삶을 조명해 보면 감탄사가 절로 나온다. 이때부터 말씀이 꿀과 송이 꿀처럼 달기 시작하여 매일 새벽에 2~3시간 성경을 집중적으로 읽고 묵상하고 있다. 새벽에 눈을 뜨면 성경을 읽고 싶어 더 이상을 잠을 잘 수가 없다. 잠자는 시간이 너무 아깝기 때문에 설레는 마음으로 일어나 성경을 읽는다.

성경이 얼마나 재미있고 대단한 하나님의 말씀인지 깨닫기 시작하며 수많은 감동과 감탄과 감사가 몰려왔다. 필자에게는 매일 새벽이 하나님과 나와 부흥회 하는 시간이다. 새벽예배 때문에 흐름이 끊겨서 새벽기도에 가는 시간이 아까울 정도다. 필자에게는 새벽에 성경을 읽고 기도하는 시간이 가장 행복한 시간이 된 것이다.

지금 우리 사회는 과학기술의 급속한 발전과 문명이 발달하여 전 지구촌이 인터넷으로 연결되는 등 인간의 능력이 증대됨에 따라 인본주의 목사들과 공산·사회주의와 김일성 주체사상을 옹호하는 좌파 목사들이 난무하고 있다. 이들은 성령의 체험과 거듭남이 없이 성경 말씀을 있는 그대로 믿지 못하고 이성적으로 이해되는 말씀만 전하여 믿음을 왜곡하며 만들어진 신(神)을 믿는 자들로 교회의 본질을 해치고 교인들을 망치는 자들이다. 수박의 모습만 보고 그 안의 달콤하고 시원한 맛을 모르는 자들이다. 은혜가 없기 때문이다. 이들로 인하여 우리 사회는 우상이 난무하며 이단들이 판을 치고 교인들도 이에 동조하여 미혹되고 있는 어려운 시대를 살고 있다. 근본 원인은 더러운 이(利)를 탐하며 하나님의 공의(公義)를 헌신짝 같이 버리기 때문이다. 성경을 제대로 읽지 않아서 분별력이 없기 때문에 일어나는 현상들이다. 이들은 망하는 길을 택하고 있다. "너희는 먼저 그의 나라와 그의 의를 구하라 그리하면 이 모든 것을 너희에게 더하시리라"(마6:33)는 말씀의 의미를 곰곰이 생각해 보라.

따라서 성경을 읽어야 할 이유는 독자 여러분들이 악한 영의 미혹됨이 없이 이 땅과 저 천국에서 의의 면류관을 받기 위함이다. 이를 위해서 여러분들이 할 일은 내 삶에 하나님의 말씀을 적용하는 것이다. 하나님의 말씀을 적용하지 않으면 영혼 없는 몸과 같고 소 없는 찐빵과 같이 무의미하기 때문이다. 아울러 한국의 수많은 목회자들이 매 주일 설교를 하지만 국가관이나 안보관이 없이 오직 먹고 사는 문제와 지역 이기주의에 함몰되어 하나님의 큰 그림을 보지 못하는 경우가 있기 때문에 안타까운 마음으로 이 글을 쓰게 된 동기도 있다. 한국 사회의 열매를 보면 한국교회가 어떤 나무인지 알 수 있기 때문이다.

이 글을 통해서 삼위일체 하나님이 어떤 분인지 깨닫고 내가 누구인지 나의 뿌리인 정체성을 깨달을 때 소풍 같은 인생, 잔치 같은 인생길이 펼쳐지는 것이다. 지금도 살아서 역사하시는 창조주 하나님이 나의 아버지임을 아는 것이며 아브라함에게 약속하신 것처럼 하나님이 우리에게 큰 민족을 이루고 이름을 창대케 하며 복의 근원으로 만들어 주시겠다는 약속을 믿으면 된다. 이뿐 아니라 우리를 축복하는 자에게 복 주시고 저주하는 자에게 저주하여 영원히 보호해 주시겠다는 하나님의 약속을 믿는 것이다.

우리의 역할은 하나님께 날마다 감사하는 일이며 찬양하는 일이다. 하나님은 우리를 위하여 모든 일을 이루어 놓으셨고 지금도 삶의 현장에서 역사하시기 때문이다. 하나님은 우리가 낙심하고 절망할 때 소망을 주시며 새로운 도약을 위해 꿈과 희망을 주며 도전할 수 있는 용기를 주시는 분이다. 인간이 살아가면서 할 일은 창조주 하나님의 사랑과 공의를 온 천하에 전파하며 하나님께 감사 찬양하는 삶이다, 이것이 복음이며 사람의 본분이다. 필자가 좋아하는 찬송인 '본향을 향하네'로 2부 글을 마치고자 한다.

본향을 향하네

이 세상 나그네길을 지나는 순례자
인생의 거친 들에서 하룻밤 머물 때
환란의 궂은 비바람 모질게 불어도
천국의 순례자 본향을 향하여
천국의 순례자 본향을 향하네

이 세상 지나는 동안 괴로움이 심하나
그 괴롬 인하여 천국 보이고
이 세상 지나는 동안 괴로움이 심히 심하나
늘 항상 기쁜 찬송 못 부르나

은혜로 이끄시네

생명 강 맑은 물가에 백화 피고
흰옷을 입은 천사 찬송가 부르실 때
영광스런 면류관을 받아쓰겠네

이 세상 나그네길을 지나는 순례자
인생의 거친 들에서 하룻밤 머물고
천국의 순례자 본향을 향하네
본향을 향하네

3장

믿음이 이기네

하나님의 궤(櫃)

성경은 "태초에 하나님이 천지를 창조하시니라"(창1:1)로 시작하여 "주 예수의 은혜가 모든 자들에게 있을찌어다 아멘"(계22:21)으로 끝이 난다. 약 1,754쪽 분량의 말씀이다. 성경 말씀은 천지만물의 창조 기원으로부터 우주의 질서와 운행, 국가의 흥망성쇠와 인간의 생사화복을 포함한 하나님과 인간과의 모든 질서가 살아서 역사하는 현장이며, 사람이 예측할 수 없는 시공간을 초월한 심오한 하나님의 경륜이 충만함으로 이적과 기적이 실존하는 능력의 현장이다. 즉 하나님의 말씀이 곧 능력인 것이다.

하나님은 영이시니 신령과 진정으로 예배하라 말씀하고 있듯이 인간은 하나님과 같이 영적인 존재로 이는 인간만이 하나님과 교통할 수 있는 유일한 존재로 창조되었다는 의미다. 인간이 인간을 대할 때도 마찬가지다. 신령과 진정으로 대해야 한다. 만유 중에 영적으로 하나님과 소통할 수 있는 존재는 사람밖에 없다. "하나님이 자기 형상 곧 하나님의 형상대로 인간을 창조하시되 남자와 여자를 창조하시고, 여호와 하나님이 흙으로 사람을 지으시고 생기를 그 코에 불어 넣으시니 사람이 생령이 된지라"(창1:27, 2:7)고 기록하고 있기 때문이다.

성경 말씀은 유가의 말씀이나 마음 공부하는 분들이 생각하는 교훈과 철학이 아니다. "하나님의 말씀은 살았고 운동력이 있어 좌우에 날선 어떤 검보다도 예리하여 혼과 영과 관절과 골수를 찔러 쪼개기까지 하며 마음의 생각과 뜻을 감찰하는"(히4:12) 즉 살아서 역사하는 능력의 말씀이다. 한국교회 안에 살아계신 하나님의 말씀의 능력을 믿지 아니하고 인본주의적 신앙을 강조하고 신본주의를 부정하는 자들이 있다. 이는 말씀을 윤리 도덕으로 인식하고 하나님은 영이시고 하나님 말씀의 능력을 모르고 깨닫지도 못하기 때문에 결국은 믿음이 없는 자들이다. 믿음으로 거듭남이 없기 때문에 영적인 능력도 이해도 못하는 것이다.

창세기 12장은 "여호와께서 아브람에게 이르시되 너는 너의 본토 친척 아비 집을 떠나 내가 네게 지시할 땅으로 가라 내가 너로 큰 민족을 이루고 네게 복을 주어 네 이름을 창대케 하리니 너는 복의 근원이 될찌라 너를 축복하는 자에게는 내가 복을 내리고 너를 저주하는 자에게는 내가 저주하리니 땅의 모든 족속이 너를 인하여 복을 얻을 것이니라 하신지라"(창12:1~4)며 아브라함의 믿음에 대한 이야기가 펼쳐진다.

아브라함은 일백세에 이삭을 낳고 이삭은 야곱을 낳고 야곱은 열두 형제를 낳아 장차 이스라엘의 12지파를 형성하게 된다. 재미있는 것은 야곱이 얍복 나루에서 날이 새도록 하나님과 겨루어 이김으로써 야곱의 이름이 이스라엘로 바뀐 것이다. 야곱이 얼마나 에서의 위협에 간절하고 간절했으면 초인적인 힘을 발하여 하나님과 겨루어 이길 수 있었겠는가? 인간의 영적 능력의 위대성을 야곱을 통해서 최초로 보여준 사건이다. 믿음과 절박함이 이긴 것이다. 한국의 새벽기도가 중요한 이유다. 새벽은 하나님이 여러분들을 부르시는 시간이다. 사무엘처럼 엘리 제사장에게 달려가지 말고 하나님께 '말씀하소서'라고 말하며 들을 자세가 돼야 하는 시간이다.

이스라엘은 후에 가나안 땅의 흉년으로 아들 요셉이 총리로 있던 애굽으로 모든 식솔들을 이끌고 이주하여 도착한 곳이 고센 땅이었다. 성경은 야곱의 집의 사람으로 애굽에 도착한 자의 도합이 칠십 명이었다고 기록하고 있다. 이스라엘 자손이 유목하기에 적합한 고센 땅에 정착한 것은 한 민족을 이루기 위한 하나님의 섭리로 이해할 수 있다. 애굽은 해마다 나일 강의 범람으로 땅이 비옥하여 농사짓기에 적합한 땅이었으며 로마시대까지 제국의 식량을 애굽에서 조달할 만큼 밀과 채소 등 농산물이 풍부한 지역이었다. 그러나 가축을 기르는 유목은 애굽인이 좋아하고 잘하는 직업이 아니었을 뿐만 아니라 가증이 여겼기 때문에 이스라엘 민족은 자연스럽게 애굽 사람과 떨어져 고센 땅에서 유목을 하며 평화롭게 지낼 수 있었던 것이다. 이는 야곱 가족이 보다 안정된 환경 하에서 외부의 침략이나 종족 번성을 위한 이민족과의 혼인할 수 있는 여건을 차단함으로써 자체적으로 이스라엘 민족이 번성할 수 있도록 하나님이 예비하신 최적의 장소가 고센 땅이었던 것이다.

그 결과 70명으로 시작한 이스라엘 가족은 400년 후 출애굽 당시에 한 국가를 이룰 만한 약 2백만 명의 민족으로 번성할 수 있었다. 하나님이 아브라함에게 약속하신 대로 그의 자손으로 하늘의 별과 같이 큰 민족을 이룬 것이다. 출애굽의 역사는 요셉을 알지 못하는 새 왕이 일어나서 애굽을 다스리더니 왕은 이스라엘 백성의 번성함을 큰 위협으로 느끼고 이들을 압제하고 괴롭게 함으로써 시작된다. 하나님의 부르심을 받은 이스라엘 민족의 지도자 모세는 하나님의 진두지휘에 철저하게 순종함으로써 하나님께서 아브라함에게 지시한 땅, 젖과 꿀이 흐르는 가나안 땅으로 출애굽을 시작한 것이다.

바로 왕의 방해에도 불구하고 출애굽을 할 수 있었던 것은 하나님의 전적인 도우심이었다. 바로의 군대가 가까이 올 때 이스라엘 백성들이 심히 두려워하자 모세는 백성에게 이르되 "너희는 두려워 말고 가만히 서서 오늘날 여호와께서 너희를 위하여 행하시는 구원을 보라 너희가 오늘 본 애굽 사람을 또 다시는 영원히 보지 못하리라 여호와께서 너희를 위하여 싸우시리니 너희는 가만히 있을지니라"(출14:13~14)고 말씀하시고, 하나님께서 직접 홍해를 가르시고 만나와 메추라기로 먹이시고 반석에서 물이 나오도록 이적과 기적을 행하시고 아말렉 족속을 쳐 부셨다. 모세가 손을 들면 이스라엘이 이기고 손을 내리면 아말렉이 이기더니 하루 종일 모세가 손을 들어 기도할 수 있도록 돌로 받쳐 놓았다고 성경은 기록하고 있다. 하나님이 이스라엘 민족의 광야 길을 진두지휘하신 것이다.

이스라엘 민족이 시내 광야에 도착하여 하나님으로부터 십계명을 받은 이후 상황은 완전히 다른 국면으로 전개된다. 지금까지 하나님은 모세를 통하여 직접 말씀하시고 이적과 기적으로 이스라엘 민족을 이끄셨으나 앞으로는 십계명인 율법의 말씀으로 이스라엘 민족을 이끄실 것을 예고한 것이다.

하나님은 십계명을 근간으로 이스라엘 민족의 정체성을 규정하셔서 장차 과학기술문명이 발전하고 주위 환경과 여건이 변한다 할지라도 개인과 민족의 정체성은 오직 말씀 즉 십계명에 있음을 확인시켜 주신 것이다. "시내 광야에 도착한 이스라엘 자손이 산 앞에 장막을 치고 모세가 하나님 앞에 올라가니 하나님께서 모세에게 말씀하시되 내가 애굽 사람에게 어떻게 행하였음과 내가 어떻게 독수리 날개로 너희를 업어 내게로 인도하였음을 너희가 보았느니라 세계가 다 내게 속하였나니 너희가 내 말을 잘 듣고 내 언약을 지키면 너희는 열국 중에서 내 소유가 되겠고 너희가 내게 대하여 제사장 나라가 되며 거룩한 백성이 되리라"(출19:4~6)고 약속하셨다.

하나님은 당신의 말씀에 순종하여 언약을 지킨다면 열국 중에서 으뜸이 되고 제사장 나라가 되며 거룩한 하나님의 백성으로 삼겠다고 약속하신 것이다. 이는 누구든지 하나님의 말씀을 믿고 행하면 축복받는 가문이 되고 민족이 되며 세계 최고의 인재와 민족이 된다는 말씀을 하신 것이다. 하나님이 언약한 '십계명'의 말씀은 다음와 같다.

"하나님이 이 모든 말씀으로 일러 가라사대 나는 너를 애굽 땅, 종이 되었던 집에서 인도하여 낸 너의 하나님 여호와로다

1. 너는 나 외에는 다른 신들을 네게 있게 말찌니라

2. 너를 위하여 새긴 우상을 만들지 말고 또 위로 하늘에 있는 것이나 아래로 땅에 있는 것이나 땅 아래 물속에 있는 것의 아무 형상이든지 만들지 말며 그것들에게 절하지 말며 그것들을 섬기지 말라 나 여호와 너의 하나님은 질투하는 하나님인즉 나를 미워하는 자의 죄를 갚되 아비로부터 아들에게로 삼사 대까지 이르게 하거니와, 나를 사랑하고 내 계명을 지키는 자에게는 천 대까지 은혜를 베푸느니라

3. 너는 너의 하나님 여호와의 이름을 망령되이 일컫지 말라 나 여호와는 나의 이름을 망령되이 일컫는 자를 죄 없다 하지 아니하리라

4. 안식일을 기억하여 거룩히 지키라 엿새 동안은 힘써 네 모든 일을 행할 것이나 제칠일은 너의 하나님 여호와의 안식일인즉 너나 네 아들이나 네 딸이나 네 남종이나 네 여종이나 네 육축이나 네 문안에 유하는 객이라도 아무 일도 하지 말라 이는 엿새 동안에 나 여호와가 하늘과 땅과 바다와 그 가운데 모든 것을 만들고 제칠 일에 쉬었음이라 그러므로 나 여호와가 안식일을 복되게 하여 그 날을 거룩하게 하였느니라

5. 네 부모를 공경하라 그리하면 너의 하나님 나 여호와가 네게 준 땅에서 네 생명이 길리라

6. 살인하지 말찌니라

7. 간음하지 말찌니라

8. 도적질하지 말찌니라

9. 네 이웃에 대하여 거짓증거하지 말찌니라

10. 네 이웃의 집을 탐내지 말찌니라 네 이웃의 아내나 그의 남종이나 그의 여종이나 그의 소나 그의 나귀나 무릇 네 이웃의 소유를 탐내지 말찌니라"(출20:1~17)는 말씀을 주셨다.

하나님은 십계명을 근간으로 율법을 만들어 이스라엘 백성을 인도하셨고 성막일체를 제작토록 하셨다. 성막은 이스라엘 백성들이 하나님께 예배드리는 곳으로 하나님께서 백성들을 만나는 장소로 사용되었다. 성막으로 들어가는 길은 오직 하나뿐이다. 이는 오늘날 우리들이 하나님께 나가는 길은 오직 한 길뿐임을 예시한다. 이 길은 십자가의 도(道)이며 바로 예수 그리스도라는 문(門)인 것이다. 성경은 구름이 회막에 덮이고 여호와의 영광이 성막에 충만하매 구름이 성막위에서 떠오를 때에는 이스라엘 자손이 앞으로 발행하였고, 떠오르지 않을 때에는 행진하지 않고 기다렸다고 기록하고 있다. 이들은 가나안 땅을 정복하러 진군하

는 하나님의 군대답게 성막을 중심으로 조직적이고 체계적으로 이동을 하고 진을 쳤다. 이동할 때는 맨 앞에 지성소에 위치할 하나님의 궤(십계명 두 돌판의 말씀과 만나와 아론의 싹이 난 능력의 지팡이)를 앞세우고 행진하였다.

하나님의 궤(함, 櫃)는 구약 성경의 근간을 이루는 가장 핵심적인 말씀과 능력이며 신약 성경의 십자가의 도(道)와 맥을 같이 하고 있다. 백성들이 십계명과 율법을 지키면 이스라엘 민족은 흥하고 이를 지키지 아니하면 망하였다. 만나는 일용할 양식과 동시에 생명의 양식으로 하나님이 먹이시고 입히시며 아론의 싹이 난 지팡이는 이적과 기적을 나타내는 능력의 상징이며 이들은 역사를 주관하시는 하나님의 주권적인 섭리를 나타낸 것이다.

출애굽 40년 11월에 요단강 동편 모압 평지에 도착한 모세는 세 편의 위대한 강론을 한다. 핵심은 시내 산에서 하나님께서 주신 돌 판에 새겨진 십계명과 율법을 이스라엘 자손들이 지켜 행하도록 강조한 것이다. 십계명과 율법을 지켜 행하는 것이 이스라엘 민족이 살 길임을 강조하고 또 강조한 말씀이다.

"너희는 나의 이 말을 너희 마음과 뜻에 두고 또 그것으로 너희 손목에 매여 기호를 삼고 너희 미간에 붙여 표를 삼으며 또 그것을 너희의 자녀에게 가르치며 집에 앉았을 때에든지 길에 행할 때에든지 누웠을 때에든지 일어날 때에든지 이 말씀을 강론하고 또 네 집 문설주와 바깥문에 기록하라 그리하면 여호와께서 너희 열조에게 주리라고 맹세하신 땅에서 너희의 날과 너희 자녀의 날이 많아서 하늘이 땅을 덮는 날의 장구함 같으리라 너희가 만일 내가 너희에게 명하는 이 모든 명령을 잘 지켜 행하여 너희 하나님 여호와를 사랑하고 그 모든 도를 행하여 부종하면 여호와께서 그 모든 나라 백성을 너희 앞에서 다 쫓아 내실 것이라 너희가 너희보다 강대한 나라들을 얻을 것인즉 너희의 발바닥으로 밟는 것은 다 너희의 소유가 되리니 너희의 경계는 곧 광야에서부터 레바논까지와 유브라데 하수라 하는 하수에서 서해까지라"(신11:18~25)고 말씀하셨다.

"여호와께서 모세의 후계자로 여호수아를 불러 온 이스라엘 목전에서 그에게 이르되 너는 마음을 강하게 하고 담대히 하라 너는 이 백성을 거느리고 여호와께서 그들의 열조에게 주리라고 맹세하신 땅에 들어가서 그들로 그 땅을 얻게 하라 여호와 그가 네 앞서 행하시며 너와 함께 하사 너를 떠나지 아니하시며 버리지 아니하시리니 너는 두려워 말며 놀라지 말라"(신31:7~8)고 하셨다.

모세는 마지막 유언으로 노래를 만들어 "옛날을 기억하라 역대의 연대를 생각하라 네 아비에게 물으라 그가 네게 설명할 것이요 네 어른들에게 물으라 그들이 네게 이르리로다"(신32:7)며 방점을 찍는 말씀을 하였다. 이때부터 이스라엘 민족은 가정에서 아이들에게 하나님의 말씀을 교육하고 행진할 때는 항상 하나님의 궤를 앞세우고 전진하였고 전쟁에서 승리하였다. 하나님이 주신 젖과 꿀이 흐르는 땅, 아름답고 광대한 땅, 가나안 땅에 수많은 대적이 있음에도 불구하고 거침없이 전진하여 승리한 것이다.

하나님의 궤를 앞세우고 가나안 땅을 점령하는 이스라엘 민족은 요단강을 마른 땅같이 건너고 여리고 성을 무너뜨려 함락시키고 아모리 족속의 다섯 왕이 기브온을 침공하자 여호수아가 기브온의 대적을 물리치실 때까지 태양이 중천에 머물러서 거의 종일토록 속히 내려가지 아니하였다며 하나님의 이적과 기적의 도우심을 기록하고 있다.

하나님의 궤가 가장 절정에 이른 때는 "다윗이 다윗성에서 자기를 위하여 궁궐을 세우고 하나님의 궤를 위하여 처소를 예비하여 장막을 치고"(대상15:1) 온 무리를 예루살렘에 모으고 여호와의 궤를 모시고자 하였다. 파란만장한 인생사의 광야를 극복한 다윗은 하나님의 전적인 도우심으로 이스라엘 민족의 통일 왕국을 이루었기 때문이다, 다윗은 너무 기뻐서 부인인 사울의 딸 미갈이 점잖치 못하다고 심중에 업신여겼음에도 불구하고 춤추며 뛰놀았으며 찬송시를 짓고 비파와 수금과 제금을 힘 있게 치고 나팔을 불며 감사 찬양하였다고 성경은 기록하고 있다. 다윗이 하나님의 궤를 모실 성전의 건축 준비를 다 마친 후에 아들인 후계자 솔로몬에게 성전 건축을 당부하고 마지막으로 하신 유언의 말씀이 핵심 중의 핵심으로 우리의 마음 판에 새겨야 할 가장 귀한 말씀이다.

"다윗이 온 회중 앞에서 여호와를 송축하여 가로되 우리 조상 이스라엘의 하나님 여호와여 주는 영원히 송축을 받으시옵소서 여호와여 광대하심과 권능과 영광과 이김과 위엄이 다 주께 속하였사오니 천지에 있는 것이 다 주의 것이로소이다 여호와여 주권도 주께 속하였사오니 주는 높으사 만유의 머리심이니이다 부와 귀가 주께로 말미암고 또 주는 만유의 주재가 되사 손에 권세와 능력이 있사오니 모든 자를 크게 하심과 강하게 하심이 주의 손에 있나이다 우리 하나님이여 이제 우리가 주께 감사하오며 주의 영화로운 이름을 찬양하나이다"(대상29:10~13)의 말씀이다.

"솔로몬은 성전 건축을 마치고 여호와의 언약궤를 다윗성 곧 시온에서 메어 올리고자 하여 이스라엘 장로들과 모든 지파의 두목 곧 이스라엘 자손의 족장들을 다 예루살렘으로 소집하여 제사장들이 여호와의 언약궤를 그 처소로 메어 들였으니 곧 내전 지성소 그룹들의 날개 아래라 그 궤가 오늘까지 그 곳에 있으며 궤 안에는 두 돌판 외에 아무것도 없으니 이것은 이스라엘 자손이 애굽에서 나온 후 여호와께서 저희와 언약을 세우실 때에 모세가 호렙에서 그 안에 넣은 것이더라"(대하5:2,10)고 기록하고 있다.

그 밤에 여호와께서 솔로몬에게 나타나서 이르시되 "네가 만일 내 앞에서 행하기를 네 아비 다윗같이 하여 내가 네게 명한 모든 것을 행하여 내 율례와 규례를 지키면 내가 네 나라 위를 견고케 하되 전에 내가 네 아비 다윗과 언약하기를 이스라엘을 다스릴 자가 네게서 끊어지지 아니하리라 한 대로 하리라 그러나 너희가 만일 돌이켜 내가 너희 앞에 둔 내 율례와 명령을 버리고 가서 다른 신을 섬겨 숭배하면 내가 저희에게 준 땅에서 그 뿌리를 뽑아내고 내 이름을 위하여 거룩하게 한 이 전을 내 앞에서 버려 모든 민족 중에 속담거리가 되게 하리니 비록 이 전이 높을지라도 무릇 그리로 지나가는 자가 놀라 가로되 여호와께서 무슨 까닭으로 이 땅과 이 전에 이같이 행하셨는고 하면 대답하기를 저희가 자기 열조를 애굽 땅에서 인도하여 내신 자기 하나님 여호와를 버리고 다른 신에게 부종하여 그를 숭배하며 섬기므로 여호와께서 이 모든 재앙을 저희에게 내리셨다 하리라 하셨더라"(대하7:17~22)고 경고하고 있다.

하나님께서는 이들이 만나와 아론의 싹이 난 능력의 지팡이로 행하는 하나님의 이적과 기적을 믿지 아니하고 십계명까지 지키지 않을까 염려하신 것 같다. 솔로몬 왕은 초반에는 하나님을 전폭적으로 신뢰하여 번성하였으나 후반에는 이웃나라의 침략에 두려워하여 인본주의에 사로잡혀 수많은 왕비와 후궁을 두어 하나님을 실망시킨 대표적인 인물이다. 솔로몬 왕국의 위업은 대단하였다고 성경은 기록하고 있다. 역대하 8~9장 말씀을 요약하면 솔로몬이 여호와의 전과 자기의 궁궐을 이십 년 동안 건축하기를 마치고 이때부터 주위의 나라들을 정복하고 두로와 시돈의 페니키아 상인들과 협력하여 바닷길을 열어 오빌의 금은보화를 가져오고 스바 여왕이 예루살렘을 방문하여 솔로몬 왕을 만나 그 지혜와 지식과 왕궁의 화려함과 국가의 조직을 보고 정신이 현황하여 빙빙 돌 정도였더라고 기록하고 있다.

지중해를 무대로 상고와 객상들이 가져온 금은보화를 아라비아 왕들은 물론 심지어는 그 나라 방백들도 금과 은을 솔로몬에게 가져왔을 뿐만 아니라 성전과 궁궐에 금과 정금으로 만든 그릇들이 넘쳐나서 솔로몬 시대에는 은을 귀한 것으로 여기지 아니하였다고 성경은 기록하고 있다. 또한 왕의 배와 선단들이 후람의 종들과 함께 다시스로 다니며 그 배가 3년에 한 번씩 금과 은과 상아와 잔나비와 공작을 실어옴이었더라고 기록하고 있다.

솔로몬 왕의 재산과 지혜가 천하 열 왕보다 큰지라 천하 열 왕이 하나님께서 솔로몬의 마음에 주신 지혜를 들으며 그 얼굴을 보기 원하여 각기 예물을 가지고 왔으니 곧 은그릇과 금그릇과 의복과 갑옷과 향품과 말과 노새라 해마다 정한 수가 있었더라고 기록하고 있다. 뿐만 아니라 솔로몬의 병거 매는 말의 외양간이 사천이요 마병이 일만 이천이라 병거성에도 두고 예루살렘 왕에게도 두었으며 솔로몬이 유브라데 강에서부터 블레셋 땅과 애굽 지경까지 열왕들을 관할하였으며 왕이 예루살렘에서 은이 돌같이 흔하게 하고 백향목을 평지의 뽕나무같이 많게 하였으며 솔로몬을 위하여 애굽과 각국에서 말들을 내어 왔더라고 말씀하고 있다.

이와 같이 하나님의 엄청난 축복을 받았음에도 불구하고 결국 솔로몬 왕은 말년에 십계명의 말씀과 만나와 아론의 싹이 난 하나님의 능력의 지팡이를 의지하는 믿음 대신 가나안의 풍요로운 물질을 의지하고 천하 열 왕과 혼인함으로써 이들이 섬기는 하나님 외에 다른 신을 섬겨 숭배하니 점차 나라가 혼란스러워 가다 아들 르호보암 시대에 왕국이 남북으로 쪼개져서 결국은 북이스라엘과 남 유다가 멸망하는 빌미를 제공하였다. 이들은 아브라함의 하나님, 이삭의 하나님, 야곱의 하나님께서 약속하신 대로 큰 민족을 이루고 젖과 꿀이 흐르는 땅, 아름답고 광대한 땅, 가나안 땅을 점령하여 다윗 왕 시대에 통일왕국을 이루고 솔로몬 왕의 시대에 천하 열 왕이 흠모하는 천하제일의 왕국을 이루도록 하나님께서 축복하여 인도하셨으나 솔로몬 왕은 절제하지 못하고 이들에 취해 하나님을 버리고 물질을 숭상하는 풍요롭고 음란한 이방 신 바알과 아스다롯을 섬김으로써 하나님의 심판대 앞에 선 것이다.

하나님의 궤 속의 십계명의 말씀과 만나와 아론의 싹이 난 능력의 지팡이는 사라지고 대신 하나님의 궤 안에 풍요와 음란 신이 또아리를 틀고 자리 잡은 것이다. 솔로몬의 후손들도 다윗의 길로 가지 아니하고 르호보암의 길로 갔기 때문에 예루살렘 성전의 하나님의 궤는 껍데기만 남아 있어 결국 북 이스라엘은 기원전 722년에 앗수르 제국에 멸망을 당하였으며, 남 유다는 기원전 586년에 바벨론 제국에 멸망한 것이다.

하나님은 남북으로 갈라진 이스라엘 백성에게 희망을 걸고 이사야와 예레미야를 비롯한 수많은 선지자들을 통하여 바알과 아스다롯의 이방 신들을 버리고 하나님께 돌아오라고 수 없이 외쳤음에도 이들은 아랑곳하지 않고 늘 하나님을 배반하고 하나님을 버림으로써 결국 하나님의 진노하심으로 이스라엘 민족은 멸망한 것이다.

십자가의 도(道)

　남북 이스라엘이 멸망하여 암울했던 5백여 년이 지난 어느 해 가나안 땅에 한 줄기 빛이 나타났으니 아브라함과 다윗의 자손 예수그리스도의 세계가 펼쳐진 것이다. "그는 태초에 하나님과 함께 계셨고 만물이 그로 말미암아 지은 바 되었으니 지은 것이 하나도 그가 없이는 된 것이 없느니라 그 안에 생명이 있었으니 이 생명은 사람들의 빛이라 빛이 어두움에 비취되 어두움이 깨닫지 못하였더라. 말씀이 육신이 되어 우리가운데 거하시매 우리가 그 영광을 보니 아버지의 독생자의 영광이요 은혜와 진리가 충만하더라"(요1:2~4,14)고 기록하고 있다. 이는 예수그리스도가 하나님의 아들임을 선포한 것이다. 하나님은 죄인들을 위해 독생자 예수 그리스도를 이 땅에 보내심으로 영원히 지옥의 불구덩이에 떨어질 죄인들을 위해 화목제로 자신의 아들을 십자가에서 죽게 하심으로 이를 믿음으로써 우리가 구원받게 된 것이다. "하나님이 세상을 이처럼 사랑하사 독생자를 주셨으니 이는 저를 믿는 자마다 멸망치 않고 영생을 얻게 하려 하심이라"(요3:16)고 기록하고 있다.

　예수그리스도의 생애를 통해 '십자가의 도(道)'가 얼마나 위대하며 하나님께서 이스라엘 민족에게 주신 하나님의 능력인 성막 안 지성소에 모신 하나님의 궤(櫃) 속의 '십계명의 두 돌 판의 말씀과 만나와 아론의 싹이 난 하나님의 능력의 지팡이'와 어떻게 맥락을 같이하는지 살펴보고 우리 민족이 하나님과 함께 이 세상에 대한 하나님의 원대한 꿈을 이루어 나가는 데 동참하고자 하는 바람이다.

　이사야 선지자는 메시아 탄생을 "이는 한 아기가 우리에게 났고 한 아들을 우리에게 주신 바 되었는데 그 어깨에는 정사를 메었고 그 이름은 기묘자라, 모사라, 전능하신 하나님이라, 영존하시는 아버지라, 평강의 왕이라 할 것임이라"(사9:6)고 말씀하시고, "이새의 줄기에서 한 싹이 나며 그 뿌리에서 한 가지가 나서 결실할 것이요 여호와의 신 곧 지혜와 총명의 신이요 모략과 재능의 신이요 지식과 여호와를 경외하는 신이 그 위에 강림하시리니 그가 여호와를 경외함으로 즐거움을 삼을 것이며 그 눈에 보이는 대로 심판치 아니하며 귀에 들리는 대로 판단치 아니하며 공의로 빈핍한 자를 심판하며 정직으로 세상의 겸손한 자를 판단할 것이며 그 입의 막대기로 세상을 치며 입술의 기운으로 악인을 죽일 것이며 공의로 허리띠를 삼으며 성실로 몸의 띠를 삼으리라"(사11:1~5)고 하셨다. "그 날에 이새의 뿌리에서 한 싹이 나서 만민의 기호로 설 것이요 열방이 그에게로 돌아오리니 그 거한 곳이 영화로우니라"(사11:10)고 말씀하며 예수그리스도의 탄생을 예고하고 있다. "헤롯 왕 때에 예수께서 유대 베들레헴에서 나시매 동방으로부터 박사들이 예루살렘에 이르러 말하되 유대인의 왕으로 나신 이가 어디 계시뇨 우리가 동방에서 그의 별을 보고 그에게 경배하러 왔노라 하니 헤롯 왕과 온 예루살렘이 소동한지라"(마2:1~3)고 기록하고 있다. "예수께서 요한으로부터 세례를 받으시고 물에서 올라 오실쌔 하늘이 열리고 하나님의 성령이 비둘기같이 내려 자기 위에 임하심을 보시더니 하늘로서 소리가 있어 말씀하시되 이는 내 사랑하는 아들이요 내 기뻐하는 자라 하시니라"(마3:16~17)고 기록하고 있다.

　사십일을 금식기도 하신 후 마귀들의 시험을 말씀, 즉 '기록하였으되'로 물리치시고 갈릴리에서 전도함으로써 공생애를 시작하셨다. 갈릴리 해변에서 그물 던지는 베드로라 하는 시몬과 그 형제 안드레를 보고 말씀하시되 나를 따라 오너라 내가 너희로 사람을 낚는 어부가 되게 하리라 하시며 이들을 제자로 부르시고 또 다른 두 형제 그물 깁는 야고보와 그 형제 요한을 부르셨다. 세관장인 세리 마태와 마지막은 예수를 판 가룟 유다를 부르시고 오순절 이후에 바울을 사도로 삼으신 것은 '**신의 한 수**'였다. 가룟 유다의 배신은 결국 모든 인류를 죄로부터 자유 함을 얻도록 하는 단초가 되었으며 이는 누구든지 십자가의 보혈을 믿는 자는 구원을 받을 수 있는 길이 열렸기 때문이다.

예수그리스도는 산상수훈을 선포하시고 말씀을 가르치시며 천국 복음을 전하시고 병든 자를 고치고 문제를 해결하며 이적과 기적을 행하셨다. 예수그리스도는 자신의 정체성에 대하여 유대인은 물론 이방인의 빛으로 세상에 왔음을 알리고 율법을 폐하러 온 것이 아니라 완성하기 위해서 왔음을 선포하셨다. 유대인들이 이스라엘의 해방을 위해 기다리던 메시아가 바로 예수그리스도 자신이라고 선포하였으며 유대지도자들의 위선을 비판하셨다. 사도바울은 "**내가 복음을 부끄러워하지 아니하노니 이 복음은 모든 믿는 자에게 구원을 주시는 하나님의 능력이 됨이라 첫째는 유대인에게요 또한 헬라인에게로다 복음에는 하나님의 의가 나타나서 믿음으로 믿음에 이르게 하나니 기록된바 오직 의인은 믿음으로 말미암아 살리라 함과 같으니라**"(롬1:16~17)고 복음의 능력에 대한 주옥같은 말씀을 선포했다.

사도바울은 가나안 땅 유대인에게 머물러 있던 유대교와 예수그리스도를 로마제국 전역과 이방인에게 확산시켜 기독교의 삼위일체 하나님의 교리를 정립할 수 있도록 토대를 정립한 위대한 인물이다. 그는 예수그리스도의 능력을 온몸으로 체휼하고 실제 삶의 현장에서 하나님의 능력을 나타냈다. 당시 로마의 황제와 관료와 지식인들은 로마제국의 라틴문화보다는 그리스의 헬레니즘 문화를 선호하고 더 높게 평가하였기 때문에 그들의 자제들을 그리스 아테네로 유학을 많이 보냈다. 지금의 자녀들을 미국으로 유학 보내 세계 최고의 학문과 문화와 문명을 습득하기 위한 것과 유사한 상황이었던 것 같다. 특히 아테나는 인문학과 수사학, 철학은 물론 수많은 신들의 고향이었다. 그럼에도 불구하고 사도 바울은 십자가의 도(道)를 중심으로 유대인의 헤브라이즘 문화에 엄청난 자부심과 확신을 가지고 전도 활동을 한 것 같다. 그는 복음을 부끄러워하지 않은 이유가 로마의 라틴 문화나 그리스의 헬레니즘 문화의 말장난과 같은 말 뿐인 이들의 문화보다 현장에서 살아서 역사하시는 예수 그리스도의 복음의 능력이 이들에 비해 꿀릴 것이 하나도 없다는 자부심으로 가득 찬 하나님의 능력의 역사임을 체험했기 때문에 복음이 부끄럽지 않다는 말씀을 기록한 것이다.

 21세기 한국교회와 교인들이 유념해야 할 말씀이다. 기독교가 쇠퇴하는 이유는 성경 말씀의 능력을 믿지 않고 말씀을 문자로 보기 때문이다. 하나님의 나라는 말에 있지 아니하고 능력에 있는 것이다. 유럽의 기독교가 망한 것도 이와 같은 이유이고 미국의 기독교가 쇠퇴하는 것도 이와 같은 이유며 한국의 기독교가 힘을 잃어가는 것도 같은 이유 때문이라고 생각한다. 인본주의 신앙을 경계해야 하는 이유다. 복음의 능력을 믿어야 한다. 창조의 근본인 하나님의 말씀과 섭리를 믿지 아니하고 인간의 이성과 감성에 매몰되어 보이는 것이 전부인 것에 영향을 받고 있고 빙산의 일각만 보기 때문이다. 특히 과학기술문명의 발달로 인간은 모든 것을 할 수 있다는 생각 때문에 이와 같은 현상이 발생한다고 생각한다. 인간은 영과 혼과 육신으로 구성되어 있는 존재인데 인본주의자들은 하나님의 영의 존재를 깨닫지 못하고 있기 때문에 영적인 능력이 없는 것이다.

　하나님 말씀은 능력이다. 유가 말씀이나 석가의 마음 공부하는 성찰의 말씀은 더욱 아니다. 필자는 이분들의 노력을 폄하하고자 하는 것은 절대 아니다. 이분들도 마음을 다스리고 선하게 살려고 몸부림치는 귀한 분들이라고 생각하기 때문이다. 단지 세상의 영이 지배하는 육신과 혼의 세계에 머무르기 때문에 하나님의 영의 세계를 알지 못함을 안타까운 마음으로 보기 때문이다.

　특히 이들은 삶의 뿌리인 죄의 문제를 그 누구도 해결하지 못한다. 우리가 전도해야 할 이유다. 목회자들 중에도 하나님의 말씀의 능력을 깨닫지 못하고 직업적으로 목회를 하는 자들과 인본주의 사상에 사로잡혀 말씀의 능력을 이해하지 못하는 자들은 회개하고 다시 하나님의 은혜를 구해야 할 것이다.

　"하나님의 말씀은 살았고 운동력이 있어 좌우에 날선 어떤 검보다도 예리하여 혼과 영과 및 관절과 골수를 찔러 쪼개기까지 하며 또 마음의 생각과 뜻을 감찰하나니 지으신 것이 하나라도 그 앞에 나타나지 않음이 없고 오직 만물이 우리를 상관하시는 자의 눈앞에 벌거벗은 것 같이 드러나느니라"(히4:12~13)고 말씀하고 있다. 하나님의 말씀이 중요한 이유다. "모든 성경은 하나님의 감동으로 된 것으로 교훈과 책망과 바르게 함과 의로 교육하기에 유익하니 이는 하나님의 사람으로 온전케 하며 모든 선한 일을 행하기에 온전케 하려 함이니라"(딤후3:16~17)고 말씀하고 있다. "이 율법책을 네 입에서 떠나지 말게 하며 주야로 그것을 묵상하여 그 가운데 기록한 대로 다 지켜 행하라 그리하면 네 길이 평탄하게 될 것이요 네가 형통하리라"(수1:8)의 말씀을 기억하기 바란다. 이와 같이 하나님의 말씀을 온전히 믿지 못하고 신앙생활을 하는 자들은 하나님께 온전한 믿음을 주시도록 간구하면 하나님은 반드시 여러분에게 큰 믿음을 주실 것이다.

"그러므로 우리에게 큰 대제사장이 있으니 승천하신 자 곧 하나님의 아들 예수시라 우리가 믿는 도리를 굳게 잡을찌어다 우리에게 있는 대제사장은 우리 연약함을 체휼하지 아니하는 자가 아니요 모든 일에 우리와 한결같이 시험을 받은 자로되 죄는 없으시니라 그러므로 우리가 긍휼하심을 받고 때를 따라 돕는 은혜를 얻기 위하여 은혜의 보좌 앞에 담대히 나아갈 것이니라"(히4:14~16)고 말씀하셨다. 믿음 생활은 자신을 돌아보고 인내하며 꾸준하게 계속하면 언젠가 여러분들의 인생은 꽃이 피고 대박날 것이다. 하나님이 함께 하시기 때문이다.

"복 있는 사람은 악인의 꾀를 좇지 아니하며 죄인의 길에 서지 아니하고 오만한 자의 자리에 앉지 아니하고 오직 여호와의 율법을 즐거워하여 그 율법을 주야로 묵상하는 자로다 저는 시냇가에 심은 나무가 시절을 좇아 과실을 맺으며 그 잎사귀가 마르지 아니함 같으니 그 행사가 다 형통하리로다"(시1:1~3)고 말씀하고 있다. 하나님은 여러분 한 사람 한 사람에게 사시사철 열매가 가득할 것을 약속하신 것이다. "은과 금은 내게 없거니와 내게 있는 것을 네게 주노니 나사렛 예수그리스도의 이름으로 일어나 걸으라"(행3:6)는 능력의 말씀이 교회마다 선포되어야 할 때이다.

예수께서 이 땅에 오셔서 한 일은 "예수께서 온 갈릴리에 두루 다니사 저희 회당에서 가르치시며 천국복음을 전파하시며 백성 중에 모든 병과 모든 약한 것을 고치시니"(마4::23) 즉 우리들에게 이렇게 하라는 본을 보이셨다. 이는 한국교회의 목회자들과 목회의 사명을 받은 분들과 한국교회의 성도들이 본받아야 할 신앙의 본질이라 생각한다. 누구나 말씀을 가르치고 복음을 전하며 병든 자를 고치고 개인과 가정과 사회의 문제를 고치는 것이다. 우리 민족이 살길은 오직 하나님께 나가는 길 밖에 없다. 한반도의 역사가 말해주고 있다. 우리 민족은 내가 곧 길이요 진리요 생명이신 예수께서 앞서 행하신 대로 따랐기 때문이다. 1907년 평양 대부흥이 다시 일어나야 할 이유다. 한국인은 세계 최고의 민족이 되고 제사장 나라와 거룩한 하나님의 백성이 되도록 하나님이 이미 축복하셨기 때문이다.

앞으로 한민족은 더 큰 대한민국 세계 초일류 통일강국이 되도록 대한민국의 번영과 남북의 자유민주복음통일과 동북3성과 연해주 옛 땅을 회복하여 세계의 중심국가로 도약하는 것이며, 세계 선교강국으로 온 세상에 복음의 빛을 발하는 나라가 될 것임을 기대하고 확신한다. 이를 위하여 한국교회가 다시 하나님의 말씀으로 돌아가야 하며 교회마다 교회학교에 집중하여 '말씀과 기도와 행함이 있는 인재'를 양성하고, 백세시대에 전교인 '성경백독운동'을 전개하며, 예수님처럼 새벽 미명에 일어나 기도함으로 '새벽기도'하는 교회의 역할과 사명을 감당해야 한다. 지금은 나라와 민족을 위해 기도해야 할 때다. 5천 년 역사와 남북의 분단과 주변 상황과 여건을 볼 때 특별한 예배와 기도를 할 때라고 생각한다. 가칭 '목요구국통일예배'를 교회마다 드리고, 교회마다 '목요구국통일기도특공대'를 조직하여 남북한에 망령으로 떠도는 김일성 주체사상, 김일성 3대 세습체제를 무너뜨리도록 하나님께 기도해야 한다. 친중 세력 또한 마찬가지다. 자유민주주의 체제를 수호할 때다.

기도특공대는 국가가 위기로 판단되면 교회에 머무르지 말고 나라를 사랑하는 다른 조직들과 연대하여 거리로 나가 행동 대 행동으로 세를 과시하고 친중 주사파의 여론전과 이들의 전략에 밀리지 않도록 행동해야 한다. 특히 '목요구국통일기도특공대'는 주말 일정한 장소에 나와서 버스킹 식으로 예배와 기도를 함으로써 선조들이 가꾸고 지켜온 자유민주주의 대한민국의 번영을 위해서 독수리의 날개침 같이 올라갈 수 있기를 간절히 기원한다. 새로운 도약을 꿈꾸며 이사야서의 말씀으로 하나님을 찬양하고자 한다.

"너는 알지 못하였느냐 듣지 못하였느냐 영원하신 하나님 여호와, 땅 끝까지 창조하신 자는 피곤치 아니하시며 곤비치 아니하시며 명철이 한이 없으시며 피곤한 자에게는 능력을 주시며 무능한 자에게는 힘을 더하시나니 소년이라도 피곤하며 곤비하며 장정이라도 넘어지고 자빠지되 오직 여호와를 앙망하는 자는 새 힘을 얻으리니 독수리의 날개치며 올라감 같은 것이요 달음박질하여도 곤비치 아니하겠고 걸어가도 피곤치 아니하리로다"(사40:28~31)의 말씀이다.

복음 일기(日記): YWAM Tyler Texas

2023년 1월 "달라스에 언제 오세요?" 미주한인회총연합회장 정명훈 회장의 문자 한 줄에 미국의 남부에 위치한 텍사스 달라스로 여행을 결정하였다. 2022년 크리스마스 어간에 사위와 딸들이 내년 구정 명절인 설을 전후하여 여행을 가겠다고 선언하였다. 아내는 잘됐으니 우리 부부도 여행을 가자고 성화였다. 왜냐하면 아내가 손주들을 돌보고 있었기 때문에 본인도 육아에서 해방이 됐으니 신이 난 것이다. 그렇게 합시다. 일단은 큰 틀에서 동의를 했다. 아내는 아이들이 외국으로 여행을 간다하니 우리도 따뜻한 남쪽나라로 가서 골프운동도 하고 여행도 하자는 것이다. 큰 애는 싱가폴로 간다고 하고 작은 애는 하와이로 간다고 한다.

그렇다면 우리 부부는 어디로 갈 것이냐가 문제였다. 나는 복음을 전하고 선교를 하는 일 외에는 딱히 흥미가 없었기 때문이다. 그러나 성경 말씀 읽고 독서하고 운동하고 가끔씩 친구들을 만나는 즐거움도 있지만 새로운 사람들을 만나고 새로운 경험을 하는 것도 나쁘지 않고 무엇보다도 아내를 배려해야 했기 때문에 여행을 결정한 것이다. 놀고먹고 쉬면서 복음과 선교를 겸할 수 있는 여행이면 좋겠다는 생각을 했다.

어느 날 새벽기도를 마치고 운동을 하고 집에 복귀하는 도중에 "달라스에 언제 오세요?"라고 문자를 받은 것이다. 나는 문자를 보는 순간 미국행을 결정했다. 왜냐하면 달라스는 미국의 남쪽으로 당연히 날씨는 따뜻할 것이며 카우보이 목장이 널려있으니 골프장도 좋을 것이라 판단했기 때문이다. 아울러 와엠 타일러(YWAM Tyler) 본부와 제자훈련학교(DTS)인 열방대학이 달라스에 위치하고 있는 것을 알고 있었기 때문에 언젠가 방문할 계획이었던 곳이다. 왜냐하면 2022년 9월 와엠 타일러의 수석이사로 있는 니콜스 박사가 한국을 방문했을 때 일행과 함께 청와대를 관람한 적이 있는데 그 분은 무척 감사하다며 필자를 타일러로 초청을 했었다.

와엠 타일러는 남북의 자유민주복음통일을 위해 한미협의회에서 탈북자 자녀들 중 몇 명을 선발하여 미국의 석. 박사 학위를 받도록 지원하는데 먼저 신앙과 선교를 위해 와엠 타일러에서 교육을 받도록 한 곳이기 때문이다. 필자는 전역하면서 이제 군 선교를 마무리하고 세계선교를 위해 베트남 현장에 가서 목회자들을 위한 리더십 교육과 간증집회를 하며 베트남을 하노이로부터 호치민까지 12곳의 대학을 방문하여 이들에게 복음을 전하려는 계획이 있었다. 그러나 두 번째 베트남을 방문했을 때 하나님은 나의 이러한 계획을 막으시고 사도행전 1:8절의 말씀을 주셨다. "오직 성령이 너희에게 임하시면 너희가 권능을 받고 예루살렘과 온 유대와 사마리아와 땅끝까지 복음을 전하라"(행1:8)는 말씀이다. 어느 날 필자는 기도를 하던 중 한민족을 위하여 복음을 전하라는 메시지를 받은 것이다.

새벽 기도하는데 예루살렘은 대한민국으로, 온 유대는 북한 땅을 포함한 한반도로, 사마리아는 잃어버린 옛 땅 동북3성과 연해주로, 땅끝은 중국을 포함한 유라시아 대륙으로 복음을 전하라는 마음이 확 들어왔다. 한민족이 세계의 선교강국으로 도약하며 전 세계에 복음을 전해야 할 사명이 있다는 말씀이다. 이때부터 필자는 이를 위해 기도하고 말씀 읽고 글도 쓰며 순종하고 있다. 필자는 이를 한국교회와 북한의 지하교회의 사명으로 인식하고 있다. 중요한 것은 복음의 비밀을 제대로 아는 충성된 제자와 인재를 양성하는 일이다.

"내 아들아 그러므로 네가 그리스도 예수 안에 있는 은혜 속에서 강하고 또 네가 많은 증인 앞에서 내게 들은 바를 충성된 사람들에게 부탁하라 저희가 또 다른 사람들을 가르칠 수 있으리라 네가 그리스도 예수의 좋은 군사로 나와 함께 고난을 받을찌니 군사로 다니는 자는 자기 생활에 얽매이는 자가 하나도 없나니 이는 군사로 모집한 자를 기쁘게 하려 함이라"(딤후2:1~4)고 말씀하고 있다. 믿음의 선진들은 누구나 가정에서나 교회에서나 제자를 양성하여 자비량 선교사로 전 세계에 복음을 전해야 할 사명이 주어졌다는 사실이다. 신앙으로 무장한 우리의 후손들은 대한민국의 번영과 남북의 자유민주복음통일과 잃어버린 옛 땅 동북3성과 연해주를 회복하여 세계의 중심국가로 도약해야 할 사명이 있는 것이다. 이를 위해 각자는 자신의 달란트를 따라 전문가로서 지구촌 곳곳을 누비며 복음을 전하고 세상을 주도해야 할 시대적 사명이 주어진 것이다. 먼저 믿는 자들이 헌신하고 청년들을 키울 사명이 우리 모두에게 있다. 이들이 바로 군의 젊은 장병들이며, 교회학교의 학생과 청년들이며, 북한의 지하교회와 이들과 연결된 탈북자들 자녀, 만주의 조선족과 전 세계에 흩어져 있는 한민족 디아스포라들이다. 지금도 뜻있는 많은 이들은 이를 위해 헌신하고 있으며 특히 북방선교를 위해 전파선교를 하고 있는 극동방송과 같은 선교기관과 수많은 교회들이 있다.

한국교회의 구원 받은 백성들은 이방인과 같이 자신의 이익과 필요에 급급하기보다는 먼저 그의 나라와 그의 의를 구하는 삶과 믿음이 우선이라는 사실을 알아야 한다. 먼저 그의 나라와 그의 의를 구하면 하나님은 필요한 모든 것을 너희에게 더하시리라고 약속하셨기 때문이다. 하나님은 우리가 먹고 마시고 입을 것을 구하지 않아도 자녀들의 필요한 모든 것들을 영광가운데 그 풍성한 대로 모든 쓸 것을 채우시겠다고 약속하셨기 때문에 우리가 구할 것은 오직 하나님 나라의 확장과 하나님의 의를 구하는 일이 최우선이 되어야 한다는 말씀이다.

군사로 모집한 하나님을 기쁘게 하는 일은 오직 복음을 전하는 일과 선교의 사명을 감당하는 일이다. 복음을 전하지 않는 신앙생활은 소 없는 빵이요 깨진 독에 물 붓기요 잎만 무성하고 열매가 없는 무화과나무와 같다. 오늘의 한국교회가 처절하게 반성하고 성찰해야 할 말씀이다. 한국교회는 1907년 평양 대부흥의 역사와 1973년 여의도 빌리그래함 집회의 역사처럼 사회를 계몽하고 수많은 새신자들이 교회를 찾아오도록 해야 할 책임이 있다. 한국교회가 부흥하여 하나님의 거룩한 도구로 쓰임을 받기 위해서는 군 선교와 탈북자 선교와 교회학교 학생들에게 성경을 읽게 해야 한다. 한민족이 제일 많은 미주한인과 중국의 조선족을 포함한 지구촌 750만 디아스포라의 선교는 한인교회와 한인단체들이 주도하여 자녀와 손주들에게 복음을 전해야 하는 것이다.

미국 방문 기간은 설을 보내고 다음날 출발하여 보름 정도 여행하는 것으로 아내와 상의하고 이번 여행에 혼자 된 처형 권사도 함께 가기로 했다. 여행의 목적은 첫째, 휴식을 취하는 것이기 때문에 골프운동과 텍사스 주를 포함한 미국 남부지역 자동차 여행과 타일러에서 걷고 차 마시고 쇼핑 등을 생각하였고, 둘째, 미국교회를 깨우자는 의미에서 말씀을 준비하는 것과 셋째, 와엠 타일러의 열방대학(DTS)과 하와이 코나에 있는 열방대학의 차이가 뭔지 확인하고 싶었다. 그리고 시간이 가용하면 열방대학 교육에 참가하고자 했다. 중요한 것은 어디에 숙소를 정하느냐다. 이를 위해 와엠 타일러의 아브라함 이 선교사와 몇 차례 상의를 한 결과 와엠 타일러 내의 호텔을 베이스캠프로 삼기로 했다. 아울러 설립자와 수석이사, 대표자 등과 만날 계획도 세웠다.

2023년 1월 초부터 미국교회에 전할 메시지는 통역을 해 주겠다는 정명훈 한인회총회장에게 빠른 시간 내에 보내서 영어로 번역하여 순차통역을 할 생각이었다. 정 회장은 미주한인회 120년사를 준비하며 필자의 글을 기고한다고 하여 알게 됐다. 필자가 작성한 '시내산아 예루살렘아 오 대한민국 서울이여!'의 글이다. 정 회장은 영어에 능통하니 120년사를 영문으로도 발간하여 백악관에 보내 보관한다는 말도 했다. 또 한 가지는 한국군선교연합회(회장 김삼환목사)와 협조하여 군종목사후보생을 매년 몇 명씩 와엠 타일러에 보내서 열방대학 교육을 받아 군 선교에 도움을 주는 일이었다. 사무총장 이정우 목사를 만나서 흔쾌히 동의를 받았다. 아울러 극동방송 이사장인 김장환 목사가 세계침례교 총회장을 역임했으니 미국 텍사스의 남 침례교와 연결하고 와엠 타일러 창립자와 관련자들과 만남을 주선하면 좋겠다는 생각도 했다. 준비하는 기간 동안 큰 애가 몸이 안 좋아 약간의 우여곡절이 있었지만 우리는 모든 준비를 마치고 설 다음날 미국으로 출발하였다.

오후 7시경에 포트워스 달라스 공항에 도착하여 아브라함 이 선교사의 영접을 받고 안전하게 와엠 타일러의 숙소에 도착하였다. 다음날 아침 일찍 0700에 와엠 타일러 식당에서 많은 선교사와 학생들과 함께 조찬을 하고 아브라함 이 선교사의 안내로 한 시간 반 정도 드넓은 캠퍼스를 돌아보았다. 캠퍼스 안에는 7개의 크고 작은 호수와 커다란 도토리 나무와 소나무 등이 어울리는 아름답고 조용한 시골이었다. 식당 겸 예배를 드릴 수 있는 다목적 건물이 중앙에 위치하고 호텔과 연결된 교육시설, 호수 주변의 설립자 사택을 포함한 교수들의 사택, 학생들의 기숙사와 기도원 교회, 아시아 센터 교회, 까페, 농장 등 각종시설이 위치하고 있었다.

첫날은 숙소에서 충분한 휴식을 취하고 다음날 설립자 패리스 박사와 수석이사 니콜스 박사를 영내 까페에서 만나 점심을 같이 했다. 우리 일행은 이 분들로부터 격하게 환영을 받고 방문 취지를 설명하니 쌍수 들고 환영을 하였다. 군종후보생들의 선교교육과 대대급 군선교사와 교회 학교 학생들의 방학기간에 이용할 수 있는 프로그램 등을 협조했다.

특히 니콜스 박사는 몇 해 전 세상을 떠난 부인의 차를 몰고 와서 필자에게 렌트카를 하지 말고 그날부터 부인의 차를 탈 수 있도록 시승하는 방법을 가르쳐 주었다. 나는 이 차를 몰고 아내와 처형과 함께 텍사스

주청사가 위치한 오스틴과 세인트루이스, 휴스톤과 갈베스톤 등을 거쳐 타일러로 오는 여행과 달라스와 포트워스 여행과 운동을 몇 차례 할 수 있었다. 니콜스 박사는 우리를 초청하여 잘 가꿔진 아름다운 골프장과 클럽하우스에서 운동도 같이하고 식사를 대접하였다. 주일에는 달라스에서 내려온 문 박사와 패리스 박사와 함께 조찬을 하고 니콜스 박사 교회에서 성경공부시간에 전 세계 생중계로 필자를 대상으로 북한선교에 대한 Q&A를 했다.

이어서 주일 낮 예배 후 니콜스 박사는 우리 일행과 지인들을 초청하여 타일러의 골프클럽하우스에서 오찬을 주관하고 저녁에는 와엠 타일러에서 함께 예배와 기도모임을 했다. 문 박사는 댁으로 우리를 초청하여 함께 간증을 나누고 한식당에서 오찬을 대접하고 달라스 지역의 대학과 공원 등을 관광했다. 미주한인회총회장인 정명훈 회장이 우리를 초청하여 포트워스 관광여행을 하며 미국의 이민 역사를 들을 수 있었다. 정 회장은 사업가이자 발명가로 신앙심이 돈독한 한인회 회장으로서 한미동맹과 한인 자녀들의 신앙에 관심이 많았으며 앞으로 오바마와 같은 한인대통령을 배출하는 꿈을 꾸고 있었다. 다음 날은 미국교회를 방문하여 예배를 드렸다.

기간 중 연변과 기대를 설립하는 데 많은 도움을 주고 중국의 조선족 지하교회에 실질적인 영향력을 행사하고 있는 OOO 조선족 선교사와 와엠 타일러 인근에 자마라는 한국인 선교단체의 관련자들과 인사를 나눌 기회를 가졌다. 앞으로 한민족의 선교를 위해 큰 역할로 기대가 되는 분들이다. 복귀 전날 나는 감사함의 표시로 그동안 함께 했던 모든 분들을 위해 만찬을 주관하고 준비했던 선물과 와엠 타일러에 탈북자 자녀 교육을 위한 헌금을 드렸다. 복귀하는 날 새벽 일찍 아브라함 이 선교사는 우리를 달라스 포스워스 공항까지 태워주고 전송해 주었다. 특히 아브라함 이 선교사는 무보수로 와엠 타일러에서 헌신하고 있는 하나님의 신실한 종이었다. 복귀하는 도중에 샌프란시스코의 공항에서 탑승한 금년에 대학교를 졸업하고 인천공항을 경유하여 베트남과 태국을 5주간 여행하는 두 명의 젊은이들에게 복음을 전했다. 특별히 성경을 꼭 읽어보도록 권유했다.

필자가 이번 미국 방문에서 느낀 점은 미국의 남부 텍사스는 아직도 전통적인 믿음과 신앙심과 열정이 대단한 주였고 예배 시마다 성령의 역사를 느낄 수 있는 역동적인 예배를 드리고 있었다. 니콜스 박사는 은퇴한 치과의사로서 70세 후반의 신자로 달라스의 로타리클럽 회장과 텍사스주의 치과의사협회 회장을 지낸 분이다. 이분은 성경 공부그룹 2개를 이끌며 주일에는 교회에서 교인을 대상으로, 월요일에는 시내에서 치과의사를 대상으로 성경 공부를 지도하고 있었다. 텍사스 와엠 타일러는 한국의 군종후보생과 장병, 교회학교의 학생과 청년, 탈북자 자녀, 미주한인회 자녀, 디아스포라 자녀의 영적인 훈련장으로써 손색이 없다는 생각이 들었다. 이곳의 역할은 미국의 국가훈련센터(NTC)를 생각하면 금방 이해할 것 같다. 이곳에서 말씀과 기도와 행함의 훈련을 받고 열방에 복음을 전하는 일과 남 침례교 등과 연합하면 더욱 좋을 것 같다는 생각이 들었다. 필자가 준비한 미국교회 특강은 영문으로 작성하여 미국교회에 2024년 여름 많은 미국교회를 방문하면서 소개됐다.

미국과 미국교회에 고(告)함(기본으로 돌아가자!)

이 글은 미국과 미국의 기독교인들에게 전파하기 위해 준비했습니다. 먼저 하나님께 기도함으로써 시작하겠습니다.

천지만물을 창조하시고 국가의 흥망성쇠와 인간의 생사화복을 주관하시며 전지전능하시고 지금도 살아서 역사하시는 하나님 아버지 감사와 찬송과 영광을 올려드립니다. 죄로 말미암아 영원히 죽을 수밖에 없는 우리를 위해 독생자 예수그리스도를 이 땅에 보내서서 십자가 보혈로 우리의 모든 죄악을 깨끗하게 씻어주심을 감사드립니다. 성령 하나님이 매일 매일의 우리의 삶 가운데 역사하시며 돌보심을 감사드립니다. 오늘의 삶을 축복하여 주시고 오직 하나님께만 영광 돌리는 귀한 하루되게 하옵소서. 존귀하신 예수그리스도의 이름으로 감사하며 기도드립니다.

저는 대한민국 국군중앙교회의 신동만 장로입니다. 예수그리스도를 구세주로 믿은 지 약 40년이 넘었습니다. 사관학교 생도 시절 예수님을 영접하였습니다. 저는 1977년 포병 소위로 임관하여 초급장교 때는 155마일 휴전선의 중 동부전선에서, 대령 진급 후에는 대부분을 서부전선에서 대적하며 근무를 하였습니다. 후방근무는 미군들과 함께 서울에 위치한 한미연합사에서 연합작전을 위한 연습과 훈련을 하였고 2014년 육군본부 정보화기획실장을 끝으로 육군 소장으로 전역하였습니다. 전역 후에는 육군정책연구위원으로 2년, 한국의 지방대학교 초빙교수로 3년을 북한학과 리더십을 강의하였으며 지금은 방산회사의 고문으로 일하고 있습니다. 저는 군 생활을 하면서 세 분의 스승을 만났습니다.

한 분은 제가 대령으로 근무 시 유엔군사령관/한미연합사령관/주한미군사령관을 역임한 라포트 미 육군대장입니다. 그분은 전쟁의 본질에 대한 심오한 철학을 가지신 분이며 오늘 저녁에 전쟁이 일어나면 어떻게 싸울 것인가를 늘 말씀하고 대비하신 분입니다. 미국은 한국에 결정적인 도움을 준 고마운 나라입니다. 1880년경부터 조선에 아펜젤러와 언더우드 선교사와 1907년 평양 대부흥회를 이끈 마포삼열 선교사(사무엘 마펫)를 비롯한 수많은 선교사를 보내어 교회와 학교와 병원을 세웠으며 어려운 학생들에게 복음을 전하고 장학금을 주어 공부하게 하였습니다.

다음 한 명이 대한민국의 건국 대통령인 이승만 박사입니다. 그는 한국에서 동양철학을 배워 도(道)의 경지에 이른 인물이며 감옥 생활을 하던 중에 미국 선교사의 도움으로 예수 그리스도를 영접하였고 미국 유학길에 올라 조지워싱턴대, 하버드대, 예일대에서 5년 만에 학사, 석사, 박사 학위를 받은 위대한 인물입니다. 1950년 6.25전쟁이 발발했을 때 미국의 트루먼 대통령은 소련의 스탈린의 사주를 받은 북한 김일성의 침략에 맞서 즉시 동경에 소재한 미군을 투입하여 낙동강 방어선에서 북한군의 공격을 저지하였으며 유엔군사령관 맥아더 장군의 인천상륙작전으로 전세를 역전시켜 오늘의 자유민주주의 대한민국이 존재하도록 결정적인 기여를 했습니다. 1953년 7월 공산군과 정전협정 직후 한미상호방위조약을 맺었고 이를 근간으로 한미연합사령부를 창설하여 지금까지 미국은 대한민국이 어려울 때마다 도와서 한국은 오늘날 세계의 최빈국에서 10위의 경제대국으로 성장했습니다. 대한민국과 한민족이 미국과 유엔군에 감사하고 존경하는 이유입니다. 앞으로도 미국과 대한민국은 한미동맹을 굳건히 하여 세계의 중심국가로서의 사명을 감당할 책임이 있습니다.

미국은 초대 대통령 조지 워싱턴이 1789년 4월 30일 뉴욕에서 대통령 취임선서를 할 때 성경에 손을 올리고 '하나님 도와주소서!'라고 기도하며 취임선서를 하였습니다. 1948년 8월 15일 출범한 초대 대통령 이승만의 대한민국은 제헌국회에서 이윤영 의원이 하나님께 감사기도를 올림으로 출범하였습니다. 2021년 1월 20일 바이든 미국 대통령 취임식에서 전통에 따라 성경에 손을 올리고 '하나님 도와주소서!(so help me god!)' 취임식을 한 후 마지막 축사에서 비번 목사는 예수그리스도의 이름으로 기도합니다! 아멘! 대신에 다양한 종교에서, 다양한 이름으로 불리는 신의 이름으로 기도합니다! 아멘! 하는 것을 듣고 저는 깜짝 놀랐습니다. 미국의 정체성이 사라지고 위대한 미국이 미쳤다는 생각이 들었습니다. 지금도 살아서 역사하시는 하나님은 이 기도를 듣고 어떻게 생각하시겠습니까? 너무나 충격적인 대통령 취임식의 축사기도였습니다.

미국은 다시 청교도 정신의 기본으로 돌아가야 합니다. 삼위일체 하나님의 말씀과 기도와 순종함으로 돌아가야 합니다. 미국 텍사스 주의 오스틴. 휴스톤. 델러스로부터 엘에이, 샌프란시스코, 애틀란타, 덴버, 시카고, 워싱턴 D.C, 뉴욕, 보스턴의 미국교회가 기본으로 돌아가야 합니다. 미국의 개인과 가정이 거듭나고 지역사회와 미국사회가 거듭나야 합니다. 텍사스에 위치한 YWAM Tyler와 미국의 남 침례교와 감리교로부터 복음운동이 다시 일어나야 합니다. 하나님은 영이시니 신령과 진정으로 예배드려야 합니다.

이스라엘 민족은 기원전 1,446년 모세를 지도자로 출애굽하여 시내산에서 하나님으로부터 십계명을 직접 친수하였습니다. 십계명은 민족의 정체성을 규정하는 헌법과 같이 반드시 지켜야 하는 율법인 동시에 이스라엘을 세계에서 가장 뛰어난 민족으로 만드시겠다는 하나님의 말씀입니다. 여러분들도 잘 아시다시피 너는 나 외에는 다른 신들을 섬기지 말며 우상을 만들지 말고 하나님의 이름을 망령되이 부르지 말 것을 말씀하셨습니다. 그리고 안식일을 거룩히 지키며 네 부모를 공경하고 살

인하지 말며 간음하지 말고 도적질하지 말며 거짓증거하지 말 것을 당부하시고 네 이웃의 소유를 탐하지 말 것을 가장 기본적인 계명으로 지키게 했습니다. 그러나 이스라엘 민족은 광야 생활동안 불순종하여 여호수아와 갈렙만 남고 모세를 포함하여 당시 60만의 모든 장정들은 광야에서 다 죽었습니다. 신명기서는 지도자 모세가 40년의 어렵고 힘든 광야의 훈련을 마치고 아름답고 광대한 땅, 젖과 꿀이 흐르는 가나안 땅을 바라보면서 새로운 세대의 이스라엘 백성에게 강조한 말씀입니다.

   내용은 하나님을 버리고 가나안 땅의 우상을 섬기며 물질과 음란을 탐하면 멸망하고 십계명의 말씀을 순종하면 세계 최고의 민족으로 삼으시겠다는 엄청난 축복을 약속하신 말씀입니다. 즉 하나님 말씀을 순종하면 살고 불순종하면 죽는다는 것입니다. 신명기 4장과 11장과 28장에 핵심 말씀이 다 기록되어 있습니다. 필자는 하나님께서 우리 한민족에게 주신 선교 목표는 10만 명의 선교사와 100만 명의 자비량 선교사를 파송하라는 명령을 믿고 있습니다. 이 명령은 한민족을 향하신 두 분의 목사로부터 받은 놀라운 간증기록을 하나님의 명령으로 믿고 있기 때문입니다.

   필자는 이에 뜻을 두고 글을 쓰기 시작했으며 대한민국과 5대양 6대주를 다니며 삼위일체 하나님의 말씀과 천국복음을 전하고 병든 자와 약한 자를 고치며 사도바울과 같이 선한 싸움을 싸우고 나의 달려갈 길을 마치고 믿음을 지키는 것이 나의 삶이고 사명이라고 생각하고 있습니다. 하나님은 천지만물을 창조하시며 하나님의 형상대로 인간을 창조하시고 축복하셨습니다. "하나님이 가라사대 우리의 형상을 따라 우리의 모양대로 우리가 사람을 만들고 그로 바다의 고기와 공중의 새와 육축과 온 땅에 기는 모든 것을 다스리게 하자 하시고 하나님이 자기 형상 곧 하나님의 형상대로 사람을 창조하시되 남자와 여자를 창조하시고 하나님이 그들에게 복을 주시며 그들에게 이르시되 생육하고 번성하여 땅에 충만하라, 땅을 정복하라, 바다의 고기와 공중의 새와 땅에 움직이는 모든 생물을 다스리라 하시니라"(창1:26~28)고 말씀하셨습니다. 즉 생육하고 번성하고 땅에 충만하라 땅을 정복하라 땅을 다스리라고 축복하신 것입니다. 이는 하나님께서 자신의 형상을 닮은 모든 인간의 정체성을 말씀하신 것입니다.

노아의 홍수 사건 이후 하나님은 갈대아 우르의 하나님의 사람 아브라함을 택하시고 약속하셨습니다. "여호와께서 아브람에게 이르시되 너는 너의 본토친척 아비 집을 떠나 내가 네게 지시할 땅으로 가라 내가 너로 큰 민족을 이루고 네게 복을 주어 네 이름을 창대케 하리니 너는 복의 근원이 될찌라 너를 축복하는 자에게는 내가 복을 내리고 너를 저주하는 자에게는 내가 저주하리니 땅의 모든 족속이 너를 인하여 복을 얻을 것이니라 하신지라"(창12:1~3)고 축복하셨습니다. 이는 하나님의 약속의 말씀을 믿는 모든 자들에게 주신 언약입니다. 누구든지 본토 친척 아비 집을 떠나 하나님이 지시하시는 곳으로 가면 큰 민족을 이루고 이름을 창대케 하며 복의 근원이 되도록 하겠다는 하나님의 약속의 말씀이며, 우리를 축복하는 자는 축복하고 저주하는 자는 저주를 한다는 돌보심의 약속까지 주신 것입니다.

하나님은 아브라함의 가나안 여정에 몇 번 나타나서 말씀하시고, 아브라함은 백 세에 낳은 아들이삭을 번제로 바치라는 하나님의 지독한 시험을 통과한 후 이스라엘 민족의 믿음의 조상이 되는 축복을 받았습니다. "가라사대 여호와께서 이르시기를 내가 나를 가리켜 맹세하노니 네가 이같이 행하여 네 아들 네 독자를 아끼지 아니하였은즉 내가 네게 큰 복을 주고 네 씨로 성하여 하늘의 별과 같고 바닷가의 모래와 같게 하리니 네 씨가 그 대적의 문을 얻으리라 또 네 씨로 말미암아 천하 만민이 복을 얻으리니 이는 네가 나의 말을 준행하였음이니라 하셨다 하니라"(창22:16~18)고 하셨습니다. 하나님을 믿는 개인과 가정과 국가에도 동일하게 주신 말씀입니다. 이와 같이 이스라엘 민족은 하나님의 약속대로 세계 최고의 민족으로 축복을 받았습니다. 다윗 왕과 솔로몬의 왕 시절이 절정기였습니다.

특히 다윗은 하나님의 마음에 합한 자였습니다. 즉 말씀과 기도와 순종의 사람이었습니다. 다윗은 목동인 어린 시절부터 이미 하나님과 깊은 믿음의 관계를 맺었습니다. 이스라엘 민족과 블레셋 족속간의 전쟁에서 보인 초립동이 다윗의 믿음입니다. "다윗이 블레셋 사람에게 이르되 너는 칼과 창과 단창으로 내게 오거니와 나는 만군의 여호와의 이름 곧 네가 모욕하는 이스라엘의 군대의 하나님의 이름으로 네게 가노라 오늘 여호와께서 너를 내 손에 붙이시리니 내가 너를 쳐서 네 머리를 베고 블레셋 군대의 시체로 오늘날 공중의 새와 땅의 들짐승에게 주어 온 땅으로 이스라엘에 하나님이 계신 줄 알게 하겠고 또 여호와의 구원하심이 칼과 창에 있지 아니함을 이 무리로 알게 하리라 전쟁은 여호와께 속한 것인즉 그가 너희를 우리 손에 붙이시리라"(삼상17:45~47)며 고백했습니다. 다윗은 어린 시절부터 '만군의 여호와의 이름'이 능력이며 승리임을 깨달았습니다. 오늘날도 마찬가지로 만군의 여호와 이스라엘의 '하나님의 이름'으로 승리하는 것입니다.

하나님은 모세를 통해 40년의 광야 생활을 마친 후 가나안 땅 입성을 앞둔 이스라엘 백성에게 모압 평지에서 강조하고 당부한 말씀이 신명기입니다. "너희 하나님 여호와께서 너희에게 행하신 모든 도(道)를 행하라 그리하면 너희가 삶을 얻고 복을 얻어서 너희의 얻은 땅에서 너희의 날이 장구하리라 이는 곧 너희 하나님 여호와께서 너희에게 가르치라 명하신바 명령과 규례와 법도라 너희가 건너가서 얻을 땅에서 행할 것이니 곧 너와 네 아들과 네 손자로 평생에 네 하나님 여호와를 경외하며 내가 너희에게 명한 그 모든 규례와 명령을 지키게 하기 위한 것이며 또 네 날을 장구케 하기 위한 것이라"(신 5:33~6:2), "이스라엘아 들으라 우리 하나님 여호와는 오직 하나인 여호와시니 너는 마음을 다하고 성품을 다하고 힘을 다하여 네 하나님 여호와를 사랑하라 오늘날 내가 네게 명하는 이 말씀을 너는 마음에 새기고 네 자녀에게 부지런히 가르치며 집에 앉았을 때에든지 길에 행할 때에든지 누웠을 때에든지 일어날 때에든지 이 말씀을 강론할 것이며 너는 또 그것을 네 손목에 매어 기호를 삼으며 네 미간표에 붙여 표를 삼고 또 네 집 문설주와 바깥문에 기록할찌니라"(신 6:4~9) 다윗 왕은 신명기 말씀을 가슴팍에 새기고 순종함으로써 세계에서 가장 위대한 왕이 된 것입니다.

동서고금을 막론하고 창조주 하나님의 말씀을 순종치 아니하고 다른 신을 섬기고 우상을 만들어 숭배하며 물질에 취하고 음란에 취하면 개인이나 가정이나 국가는 망합니다. 유럽의 교회가 망한 것도 미국의 교회가 능력을 잃고 교인들이 교회를 떠나는 것은 하나님을 섬기지 아니하고 인본주의에 사로잡혀 하나님의 능력을 부정하기 때문입니다.

하나님은 영이십니다. 신령과 진정으로 예배를 받으시는 거룩한 분이십니다. 하나님의 말씀은 인간의 이성과 감성으로 이해할 수 없는 가슴팍 신앙의 영역이며 차원이 다른 영적인 믿음의 영역입니다. 출애굽 당시 홍해가 갈라지고 반석에서 물이 나며 그 많은 백성을 만나와 메추라기로 먹이고 아멜렉과의 전투에서 모세가 손을 들어 기도하면 이스라엘이 승리하는 것과 같이 이성을 초월하는 믿음의 영역입니다. "여호와의 말씀에 내 생각은 너희 생각과 다르며 내 길은 너희 길과 달라서 하늘이 땅보다 높음같이 내 길은 너희 길보다 높으며 내 생각은 너의 생각보다 높으니라"(사55:8~9)고 말씀하고 있습니다.

 미국 교회는 다시 기본으로 돌아가야 합니다. 아브라함과 이삭과 야곱의 하나님의 믿음으로 돌아가야 합니다. 신명기의 말씀을 가슴팍에 새겨야 합니다. "옛날을 기억하라 역대의 연대를 생각하라 네 아비에게 물으라 그가 네게 설명할 것이요 네 어른들에게 물으라 그들이 네게 이르리로다"(신32:7)고 하였습니다. 옛사람을 버리고 새사람을 입어야 합니다. 육신의 일을 버리고 성령의 열매를 맺어야 합니다. "육체의 일은 현저하니 곧 음행과 더러운 것과 호색과 우상 숭배와 술수와 원수 맺는 것과 분쟁과 시기와 분냄과 당 짓는 것과 분리함과 이단과 투기와 술 취함과 방탕함과 또 그와 같은 것들이라 전에 너희에게 경계한 것 같이 경계하노니 이런 일을 하는 자들은 하나님의 나라를 유업으로 받지 못할 것이요, 오직 성령의 열매는 사랑과 희락과 화평과 오래 참음과 자비와 양선과 충성과 온유와 절제니 이 같은 것을 금지할 법이 없느니라 그리스도 예수의 사람들은 육체와 함께 그 정과 욕심을 십자가에 못 박았느니라 만일 우리가 성령으로 살면 또한 성령으로 행할찌니 헛된 영광을 구하여 서로 격동하고 투지하지 말찌니라"(갈5:19~26)고 말씀하고 있습니다.

 이와 같이 육체의 일을 좇으면 멸망하고 성령의 열매를 맺도록 말씀과 기도와 행함 있는 삶을 살면 흥합니다. 가정과 국가도 마찬가지입니다. 육체의 소욕을 따르면 망하고 성령의 인도함을 받으면 흥하고 승리합니다. 이를 위해서 먼저 미국교회는 하나님의 말씀 즉 성경으로 돌아가야 합니다. "하나님의 말씀은 살았고 운동력이 있어 좌우에 날선 어떤 검보다도 예리하여 혼과 영과 관절과 골수를 찔러 쪼개기까지 하며 또 마음의 생각과 뜻을 감찰하나니"(히4:12)고 하셨습니다. 하나님은 살아계십니다. 하나님은 지금도 살아서 역사하십니다. 하나님의 말씀은 살아서 날선 어떤 검보다도 예리하여 가르치시며 천국 복음을 전하시며 인간의 영혼과 육신의 질병과 문제를 고치십니다. 그리고 마음의 생각과 뜻을 감찰하시기 때문에 우리를 항상 좋은 곳으로 인도하시며 승리하게 하십니다. 그리스도인의 삶과 인류의 역사가 이를 증명합니다.

성경은 모두가 하나님의 말씀입니다. 특히 시편 119편은 성경에서 가장 긴 176절까지 있으며 온통 하나님 말씀의 위대함을 기록하고 있습니다. 성경 말씀은 창조주 하나님과 하나님의 형상으로 빚은 사람들의 간증이라 할 수 있습니다. 미국교회마다 성경의 핵심 구절을 암송하고 '성경백독운동'을 전개할 것을 권유합니다.

두 번째는 기도해야 합니다. 기도는 삶의 현장입니다. 기도하지 않으면 아무것도 응답받을 수 없습니다. 하나님은 자신과 소통하는 자녀를 좋아합니다. "주 안에서 항상 기뻐하라 내가 다시 말하노니 기뻐하라 너희 관용을 모든 사람에게 알게 하라 주께서 가까우시니라 아무것도 염려하지 말고 오직 모든 일에 기도와 간구로 너희 구할 것을 감사함으로 하나님께 아뢰라 그리하면 모든 지각에 뛰어난 하나님의 평강이 그리스도 예수 안에서 너희 마음과 생각을 지키시리라"(빌4:4~7)고 말씀하셨습니다. 예수께서는 산상수훈에서 제자들에게 기도하는 방법을 가르쳐 주셨습니다.

"그러므로 염려하여 이르기를 무엇을 먹을까 무엇을 마실까 무엇을 입을까 하지 말라 이는 다 이방인들이 구하는 것이라 천부께서 이 모든 것이 너희에게 있어야 할 줄을 아시느니라 너희는 먼저 그의 나라와 그의 의를 구하라 그리하면 이 모든 것을 너희에게 더하시리라 그러므로 내일 일을 위하여 염려하지 말라 내일 일은 내일 염려할 것이요 한 날 괴로움은 그날에 족하니라"(마6:31~34)고 하셨습니다. 우리가 할 일은 믿고 기도하는 것입니다. "구하라 그러면 너희에게 주실 것이요 찾으라 그러면 찾을 것이요 문을 두드리라 그러면 너희에게 열릴 것이니 구하는 이마다 얻을 것이요 찾는 이가 찾을 것이요 두드리는 이에게 열릴 것이니라 너희 중에 누가 아들이 떡을 달라 하면 돌을 주며 생선을 달라하면 뱀을 줄 사람이 있겠느냐 너희가 악한 자라도 좋은 것으로 자식에게 줄 줄 알거든 하물며 하늘에 계신 너희 아버지께서 구하는 자에게 좋은 것으로 주시지 않겠느냐"(마7:7~11)고 말씀하고 있습니다.

따라서 무엇이 필요하거나 궁금하면 하나님이 가증이 여기시는 사주팔자를 보기위해 점집으로 쫓아가지 말고 후히 주시고 살아계신 하나님께 구하라는 말씀입니다. 하나님은 인생들의 때를 주관하십니다. '새벽기도'를 하거나 매주 나라를 위한 '기도특공대'를 조직하여 기도해야 합니다.

세 번째는 말씀에 순종해야 합니다. 즉 행함이 뒤따라야 합니다. 아브라함은 갈 바를 알지 못하고 순종함으로 하나님이 지시하시는 땅으로 갔습니다. 아브라함은 백세에 얻은 귀하고 귀한 아들 이삭을 모리아 산에서 번제를 드리라는 하나님의 말씀에 순종하였습니다. 하나님께서는 네가 이같이 순종하여 네 아들 네 독자를 아끼지 아니하였은즉 내가 네게 큰 복을 주고 네 씨로 하늘의 별과 같고 바닷가의 모래와 같게 하리니 네 씨로 말미암아 천하 만민이 복을 얻으리라고 축복하신 것입니다.

주의 형제 야고보는 "영혼 없는 몸이 죽은 것 같이 행함이 없는 믿음은 죽은 것이라"(약2:26)고 했습니다. 하나님의 계명을 지키는 자 즉 말씀에 순종하는 자는 천대까지 언약을 이행하신다고 말씀하셨습니다. "그런즉 너는 알라 오직 네 하나님 여호와는 하나님이시요 신실하신 하나님이시라 그를 사랑하고 그 계명을 지키는 자에게는 천대까지 그 언약을 이행하시며 인애를 베푸시되, 그를 미워하는 자에게는 당장에 보응하여 멸하시나니 여호와는 자기를 미워하는 자에게 지체치 아니하시고 당장에 보응하시느니라"(신7:9~10)고 말씀하셨습니다.

"네가 네 하나님 여호와의 말씀을 삼가 듣고 내가 오늘날 네게 명하는 그 모든 명령을 지켜 행하면 네 하나님 여호와께서 너를 세계 모든 민족 위에 뛰어나게 하실 것이라 네가 네 하나님 여호와의 말씀을 순종하면 이 모든 복이 네게 임하여 네게 미치리니 성읍에서도 복을 받고 들에서도 복을 받을 것이며 네 몸의 소생과 네 토지의 소산과 네 짐승의 새끼와 우양의 새끼가 복을 받을 것이며 네 광주리와 네 떡 반죽 그릇이 복을 받을 것이며 네가 들어와도 복을 받고 나가도 복을 받을 것이니라"(신28:1~6)고 하셨습니다. 우리가 하나님의 말씀을 순종하면 반드시 복의 복을 주어 세계 최고의 개인과 가정과 민족이 되리라고 약속하였습니다.

네 번째는 각자에게 주어진 사명을 감당하는 일입니다. 예수그리스도께서 이 땅에 오신 목적은 다음과 같습니다. "예수께서 온 갈릴리에 두루 다니사 저희 회당에서 가르치시며 천국 복음을 전파하시며 백성 중에 모든 병과 모든 약한 것을 고치시니"(마4:23)라고 말씀하셨습니다. 마9:35에서도 동일한 말씀을 하셨습니다. 가르치고 복음을 전파하며 모든 병과 약한 것을 고치라고 하십니다. 제자들도 이 말씀에 따라 누구를 만나든 "주 예수를 믿으라 그리하면 너와 네 집이 구원을 얻으리라"(행16:31)며 전도하고 말씀을 가르쳤습니다.

예수께서 모든 믿는 자에게 주신 사명의 말씀입니다. "예수께서 나아와 일러 가라사대 하늘과 땅의 모든 권세를 내게 주셨으니 그러므로 너희는 가서 모든 족속으로 제자를 삼아 아버지와 아들과 성령의 이름으로 세례를 주고 내가 너희에게 분부한 모든 것을 가르쳐 지키게 하라 볼찌어다 내가 세상 끝 날까지 너희와 항상 함께 있으리라 하시니라"(마 28:18~20)고 제자들에게 당부했습니다. "가라사대 때와 기한은 아버지께서 자기의 권한에 두셨으니 너희의 알 바 아니요 오직 성령이 너희에게 임하시면 너희가 권능을 받고 예루살렘과 온 유대와 사마리아와 땅 끝까지 내 증인이 되리라 하시니라"(행1:7~8)고 말씀하셨습니다. 천하 만민에게 복음을 전하라는 말씀입니다.

우리의 달려갈 길과 주 예수께 받은 사명은 바로 복음을 전하는 일입니다. "나의 달려갈 길과 주 예수께 받은 사명 곧 하나님의 은혜의 복음 증거하는 일을 마치려 함에는 나의 생명을 조금도 귀한 것으로 여기지 아니하노라"(행20:24)는 사도바울의 고백이 우리 모두의 고백이 되는 날, 우리는 모든 염려와 두려움에서 해방되고 오직 자유와 기쁨과 평강과 소망과 감동과 감탄과 감사 찬양을 온몸으로 느낄 것입니다.

결론을 맺겠습니다. 기본으로 돌아가는 삶은 바로 말씀과 기도와 행함입니다. 오직 믿음으로 사는 삶입니다. 하나님은 모든 믿는 자에게 아브라함과 이삭과 야곱에게 주신 상급을 약속하셨습니다. "믿음이 없이는 기쁘시게 못하나니 하나님께 나아가는 자는 반드시 그가 계신 것과 그가 자기를 찾는 자들에게 상주시는 이심을 믿어야 할지니라"(히11:5)고 말씀하셨습니다. 따라서 하나님의 자녀로서 거룩한 도구로 쓰임을 받기 위해서는 날마다 자신을 깨끗하게 하며 경건한 삶을 사는 훈련이 중요합니다. "큰 집에는 금과 은의 그릇이 있을 뿐 아니요 나무와 질그릇도 있어 귀히 쓰는 것도 있고 천히 쓰는 것도 있나니 그러므로 누구든지 이런 것에서 자기를 깨끗하게 하면 귀히 쓰는 그릇이 되어 거룩하고 주인의 쓰심에 합당하며 모든 선한 일에 예비함이 되리라"(딤후2:20~21)고 말씀하고 있습니다.

우리 자신을 하나님께서 쓰실 수 있도록 경건하고 거룩한 삶을 살아야 합니다. 옛 사람을 벗어버리고 새 사람을 입는 것입니다. "그런즉 누구든지 그리스도 안에 있으면 새로운 피조물이라 이전 것은 지나갔으니 보라 새 것이 되었도다"(고후5:17)라고 말씀하고 있습니다. "복 있는 사람은 악인의 꾀를 좇지 아니하며 죄인의 길에 서지 아니하며 오만한 자의 자리에 앉지 아니하고 오직 여호와의 율법을 즐거워하여 그 율법을 주야로 묵상하는 자로다 저는 시냇가에 심은 나무가 시절을 좇아 과실을 맺으며 그 잎사귀가 마르지 아니함 같으니 그 행사가 다 형통하리로다 악인은 그렇지 않음이여 오직 바람에 나는 겨와 같도다 그러므로 악인이 심판을 견디지 못하며 죄인이 의인의 회중에 들지 못하리로다 대저 의인의 길은 여호와께서 인정하시나 악인의 길은 망하리로다"(시1:1~6)라며 의인과 악인의 최종상태 즉 옛 사람과 새 사람의 결과를 말씀하고 있습니다. 저는 군에 있을 때 이 말씀을 붙잡고 저의 인격함양을 위해 매일 회개하며 기도했습니다. 지금도 마찬가지입니다.

앞에서 소개한 바와 같이 저는 인격적으로 예수님을 만나고 하나님의 아들임을 믿었습니다. 이때 하나님께서 저에게 주신 말씀입니다. "그러므로 너희는 가서 모든 족속으로 제자를 삼아 아버지와 아들과 성령의 이름으로 세례를 주고 내가 너희에게 분부한 모든 것들을 가르쳐 지키게 하라 볼찌어다 내가 세상 끝 날까지 너희와 항상 함께 있으리라 하시리라"(마 28:19~20)는 말씀입니다. 군 생활을 하면서 이 말씀은 저를 한 번도 떠난 적이 없습니다. 저는 만나는 모든 사람들에게 복음을 전하려고 했습니다. 기도할 때도 항상 이 말씀을 붙잡고 기도했습니다.

하나님의 말씀은 두려움을 용기로 바꿔줍니다. 수많은 군의 청년들이 이 복음에 사로잡히면 전쟁에서 반드시 승리합니다. 능력 있는 용사로 바꿔주어 신앙전력화로 이어지기 때문입니다. "두려워 말라 내가 너와 함께 함이니라 놀라지 말라 나는 네 하나님이 됨이니라 내가 너를 굳세게 하리라 참으로 너를 도와주리라 참으로 나의 의로운 오른손으로 너를 붙들리라"(사 41:10)고 말씀하셨습니다. "내게 능력주시는 자 안에서 내가 모든 것을 할 수 있느니라(빌 4:13)고 말씀하고 있습니다.

저는 예수를 믿고부터 QT와 새벽기도를 시작하여 오늘까지 새벽 3~4시에 기상하여 말씀을 읽고 교회에 가서 새벽기도하고 새벽운동을 빠짐없이 지속하고 있습니다. 하나님께서는 이 시간을 통하여 부족한 저를 훈련시키고 축복하셨습니다. 육군 장군으로 진급하게 하시고 소장으로 진급하여 서부전선의 보병 제25사단장과 육군포병학교장, 육군본부 정보화기획실장을 역임토록 하셨습니다. 군을 전역하고 정치학 박사 학위도 받게 하셨습니다. 예수를 믿고 그날부터 함께 근무하는 상관과 부하, 동료들에게 복음을 전하려고 애를 많이 썼습니다. 서부전선의 군단포병여단장 재임 시는 대대에서 복음을 전하는 민간인 목회자들을 격려하며 그분들의 기가 막힌 간증을 듣고 함께 예배에 참석하여 젊은 장병들에게 복음을 전하도록 했습니다. 사단장 재직 시는 군종참모를 도와 장병 1만여 명에게 세례를 주었습니다. 전 장병의 90%가 세례를 받았습니다.

부대 업무는 하나님께서 지혜를 주셔서 대부분 새벽기도 시간에 정리가 되어 아침 상황보고 시간에 필요한 지침을 주고 나머지 시간은 현장에 나가 대부분 적의 도발에 대비하여 작전태세점검과 훈련지도에 많은 시간을 보냈습니다. 장병들에게 많은 자유 시간을 부여하여 체력단련과

독서하도록 지휘했습니다. 부대 지휘의 철학은 솔선수범과 부하들의 동기유발 여건을 부여하는 것이며, 부대 내에서 억울한 사람이 없게 하는 것입니다. 각자의 장점으로 단점을 보완하도록 칭찬과 격려를 많이 했습니다. 논어에 군군신신(君君臣臣) 부부자자(父父子子)란 말이 있습니다. 군주는 군주답고 신하는 신하답고 아비는 아비답고 아들은 아들다워야 한다는 말씀입니다. 이는 자신의 역할에 충실하라는 말씀이며 쓸데없이 남의 일에 간섭하지 말라는 말씀입니다. 아울러 저는 항상 기록과 현장을 중시합니다. 적자생존(적는 자, 즉 기록하는 자만이 생존한다)과 우문현답(우리의 문제는 현장에 답이 있다)입니다.

필자는 2014년 6월 육군본부에서 전역식을 하였습니다. 이때 제가 하나님께 특별히 감사했던 것은 약 40년간 군 생활하면서도 한 번도 부대에 출근하기 싫다거나 힘들다거나 어렵다거나 아프다거나 한 적이 없었다는 것이 너무 신기했습니다. 요즘 저의 삶의 패턴은 군 생활과 거의 동일합니다. 새벽 3~4시 사이 기상하여 성경말씀을 읽고 교회에 가서 새벽기도를 한 후 아침 9~10시경까지 운동하고 집으로 복귀합니다. 시간이 넉넉한 편이라 성경 읽고 기도하고 체력단련 시간이 늘어서 행복합니다. 저녁은 10~11경에 취침합니다. 주간에는 군 관련 자문 일을 하거나 선교 관련 사람을 만나고 손주를 돌보거나 독서를 하고 글을 씁니다. 매일 누구를 만나든 어디서든 결혼식장에 가든 장례식장에 가서도 복음을 전할 수 있도록 기도하고 갑니다. 낭비하는 시간이 없도록 유의합니다.

하나님 앞에 서는 날까지 이 일은 계속될 것입니다. "가로되 주 예수를 믿어라 그리하면 너와 네 집이 구원을 받으리라"(행16:31)는 말씀을 전합니다. 아울러 손주들에게 성경 말씀을 가르칩니다. 작년부터 5살, 7살

손주들이 성경 60구절 중에서 30개 정도 외웠습니다. 어린이집에서 복귀할 때 가끔씩 차 안에서 암송을 하도록 하고 있습니다. 앞으로 성경을 통독하도록 지도할 계획도 있습니다. 얼마 전에 강화도에서 북한선교를 수십 년간 하신 목사님을 만났습니다. 강화도의 선교훈련원을 건축하면서 시간이 많이 걸렸다고 들었습니다. 주의 종이니 하나님이 돈을 주시면 일하고 주지 않으면 놀았다고 말씀하셨습니다. 뚝심도 있고 배짱도 있게 일을 잘 했다는 생각이 들었습니다. 그러나 제가 서울로 복귀하면서 문뜩 이런 생각이 들었습니다. 나는 주의 종이 아니고 하나님의 장성한 아들인데 돈을 안주어도 아버지의 의도가 무엇인지 아버지의 뜻이 무엇인지를 생각하여 자발적으로 일을 해야지 아버지가 돈 줄 때 까지 기다리면 안 되겠구나 라는 생각이 들었습니다.

미국과 미국교회의 교인들이 참고하도록 필자의 비전과 꿈을 소개하고자 합니다. 목표는 한민족을 향한 하나님의 비전을 실현하고자 합니다. '대한민국의 번영과 남북의 자유민주복음통일과 잃어버린 옛 땅 동북3성과 연해주를 회복하여 세계 선교강국과 세계의 중심국가로 가는 길'입니다. 이를 위해 먼저 한국교회의 회복입니다, 성경 백독운동과 기도운동과 행함 있는 삶의 회복입니다.

둘째는 신앙이 충만한 인재를 양성하는 일입니다. 이는 대한민국의 번영과 남북의 자유민주 복음통일과 동북3성과 연해주 옛 땅을 회복하여 세계의 중심국가와 선교강국으로 가는 지름길이기 때문입니다.

셋째는 실천전략으로 군선교연합회의 활동을 강화하도록 협력하고 극동방송에 북방선교연합회를 조직하도록 협조하며 미주한인회를 통하여 관계를 확장하는 것입니다. 이를 위해 군종장교 후보생과 탈북자 자녀, 조선족, 디아스포라 자녀들의 Ywam Tyler Texas 훈련센터에서 선교훈련을 지원하는 것 등입니다.

  마지막으로 기도하며 제 능력껏 미국과 미국교회와 전 세계의 유대인들과 관계를 돈독히 하여 선교강국과 한미신앙동맹을 강화하고자 합니다.

  네 시작은 미약하였으나 네 나중은 심히 창대하리라는 믿음을 가지고 기도하고 있습니다. '주 예수보다 더 귀한 것은 없네'의 찬양으로 3부의 말씀을 맺고자 한다.

주 예수보다 더 귀한 것은 없네

주 예수보다 더 귀한 것은 없네 이 세상 부귀와 바꿀 수 없네
영 죽을 내 대신 돌아가신 그 놀라운 사랑 잊지 못해
세상 즐거움 다 버리고 세상 자랑 다 버렸네
주 예수보다 더 귀한 것은 없네 예수 밖에는 없네

주 예수보다 더 귀한 것은 없네 이 세상 명예와 바꿀 수 없네
이전에 즐기던 세상일도 주 사랑하는 맘 뺏지 못해
세상 즐거움 다 버리고 세상 자랑 다 버렸네
주 예수보다 더 귀한 것은 없네 예수 밖에는 없네

주 예수보다 더 귀한 것은 없네 이 세상 행복과 바꿀 수 없네
유혹과 핍박이 몰려와도 주 섬기는 내 맘 변치 못해
세상 즐거움 다 버리고 세상 자랑 다 버렸네
주 예수보다 더 귀한 것은 없네 예수 밖에는 없네

4장 — 대한민국과 한민족 비상의 원천, 성경

위기를
기회로

  2025년은 대한민국은 물론 한민족에게 국운 융성의 기초를 다지는 원년이 될 것이다. 우리 한민족은 남북한의 인구 약 7천5백만 명과 미국을 비롯한 중국과 일본 등 디아스포라 750만 명이 전 세계에 흩어져 살고 있다. 아울러 남북의 자유민주복음통일의 마중물인 3만 4천명의 탈북민이 한국에 살고 있다.

  한민족의 5천 년 역사는 1945년 8.15일 광복절을 기점으로 엄청난 정신적인 변화(혁명)가 시작되었다. 이는 복음이 이 땅에 들어와 백성들에게 전파됐기 때문이다. 하나님의 은혜로 태평양 전쟁결과 일본천황이 미국에 무조건적인 항복으로 우리는 해방을 맞았다. 8.15 해방 전까지 우리 민족은 왕을 중심으로 관료들의 부패와 붕당정치로 나라를 빼앗겨 민초들이 온갖 고초를 당하면 곳곳에서 의병들이 분연히 일어나 침략자들에 항거하였으며 일제강점기 때는 해외에서까지 독립운동을 하였다. 고려시대는 몽골군에 강토가 유린되자 임금은 백성들을 버리고 강화도로 도망칠 때 승병들이 일어나 몽고군에 대항하였으며 임진왜란 때는 선조가 백성들을 버리고 의주로 도망치자 곳곳에서 의병들이 일어나 싸워서 이를 물리쳤다.

조선시대 말에는 대원군의 쇄국정책과 나라의 운명이 바람 앞에 촛불마냥 흔들리는데 시대의 흐름을 읽지 못한 고종과 신하들, 이에 더하여 경복궁 궁궐에 무당 130여명을 불러놓고 매일 사주팔자와 점을 보고 굿을 하여 정사를 어지럽힌 민비에 의해 조선은 멸망한 것이다. 이에 뜻있는 백성들이 다시 나라를 찾겠다고 국내외에서 재산을 팔고 목숨을 바쳐 독립운동을 한 것이다.

5천 년 역사 가운데 필자가 본 홍미로운 사실은 1945년 해방 전까지 우리 민족은 나라를 잃고 나서야 침략자에 대항하여 싸웠다는 사실이다. 위기가 왔을 때 이를 예방하기는커녕 나라의 지도자들이 서로 동인과 서인, 남인과 북인, 노론과 소론 등으로 나눠 죽기 살기로 싸우다 나라가 망하면 백성들이 분연히 일어나 의병으로 독립군으로 목숨을 바쳐 의를 위하여 싸웠다는 사실이다. 더욱 홍미로운 사실은 자유민주주의 대한민국이 건국한 이래 나라가 위기에 처하면, 망하기 전에 내부로부터 백성들이 분연히 일어나 의를 위하여 하나님께 기도한다는 것이다. 불의한 김일성 공산당의 6.25 남침을 물리치고 전쟁을 승리로 이끌었으며, 불의와 부패에 대항하여 4.19 학생혁명과 5.16 군사혁명을 주도하여 나라를 반석 위에 놓았으며, 군사정부의 무분별한 불의한 진압에 항거한 5.18 정신과 6.29 선언으로 민주화를 달성하여 오늘의 대한민국을 만든 것이다.

중요한 사실은 지도자의 무능력과 부패로 나라가 망하기 전에 백성들이 스스로 먼저 일어나 이를 다시 발전의 기회로 삼았다는 사실이다. 이것이 바로 5천 년 역사 가운데 8.15 해방 전과 해방 후의 차이점이다. 이 땅에 복음이 들어왔기 때문이다. 복음은 불의에 대항하여 백성을 깨어나게 하는 능력이 있다. 진리가 너희를 자유케 하리라 했기 때문이다.

하나님은 자유민주주의 대한민국과 한민족을 사랑하셔서 국가 존망의 기로에서 다시 회복할 기회를 주실 것이다. 오늘의 이 싸움을 마치고 거듭난 새로운 정부는 훼손된 자유민주주의 가치를 정상화하고 무너진 법질서를 회복하여 대한민국의 도약을 위한 디딤돌을 놓아야 할 사명을 가진 역사적 소임이 있는 정부라 생각한다. 백성이 주인임을 잊지 말기 바란다. 아울러 창조주 하나님을 먼저 기억하라는 것이다.

21세기 대한민국은 인공지능과 로봇과 데이터가 주도하는 소프트웨어 시대로의 새로운 도약과 한민족의 고유한 문화와 예술로 전 세계를 주도할 것이다. 아울러 하나님의 말씀과 하나님의 깊은 것이라도 통달하시는 성령 하나님의 이끄심을 받는 믿음의 인재들이 세상에서 으뜸이 되며 과학기술과 문화와 금융을 선도하며 5대양 6대주에 복음을 전하는 창조적인 역할을 담당할 것이다.

"너는 알지 못하였느냐 듣지 못하였느냐 영원하신 하나님 여호와, 땅 끝까지 창조하신 자는 피곤치 아니하시며 곤비치 아니하시며 명철이 한이 없으시며 피곤한 자에게는 능력을 주시며 무능한 자에게는 힘을 더하시나니 소년이라도 피곤하며 곤비하며 장정이라도 넘어지고 자빠지되 오직 여호와를 앙망하는 자는 새 힘을 얻으리니 독수리의 날개치며 올라감 같은 것이요 달음박질하여도 곤비치 아니하겠고 걸어가도 피곤치 아니하리로다"(사40:28~31)고 말씀하셨기 때문이다. 즉 말씀을 붙잡고 기도하며 나가는 자에게 이미 승리가 보장되었다. 사도바울과 같이 장막 짓는 일을 하며 성경말씀에 사로잡힌 인물들이 대한민국과 한민족을 주도하며 독수리의 날개 치며 올라감 같이 다시 도약할 기회를 맞을 것이다.

하나님은 메소포타미아 문명과 이집트의 나일강 문명이 교차하는 중심지인 젖과 꿀이 흐르는 땅, 아름답고 광대한 땅인 가나안 땅에 이스라엘 민족을 예비하여 우주 만물의 질서와 인간의 생사화복과 국가의 흥망성쇠의 결과가 오직 하나님의 주권(主權)에 있음을 보이시고 길과 진리와 생명 되신 예수 그리스도를 보내 인류에게 소망과 기쁨을 주셨다. 하나님은 기원전 2166년에 우르에서 태어난 아브라함을 이스라엘 민족의 조상으로 삼으셨으며 동시에 167년이 앞선 기원전 2333년 유라시아 동쪽 끝 고조선의 단군왕검의 한민족을 예비하셨다. 한민족의 건국이념은 홍익인간(弘益人間)으로써 널리 인간 세상을 이롭게 한다는 의미로 하나님의 뜻에 합한 민족이다. 역사의 흐름을 살펴보면 하나님은 언제나 곳곳에 다양한 방법으로 하나님의 사람과 민족을 예비하셨음을 볼 수 있기 때문이다.

새로운 자유민주주의 대한민국은 이제 잘못된 이념을 버리고 깨어나 근시안적인 모든 싸움과 정쟁을 멈추고 홍익인간의 정신으로 한마음이 되어 동(東)과 서(西), 여(與)와 야(野)가 서로를 얼싸안고 복음(福音) 통일(統一)하여 잃어버린 만주벌을 되찾아 더 큰 대한민국, 세계 초일류 통일 강국으로 거듭나야 할 것이다. 태평양(太平洋)을 품는 호연지기(浩然之氣)의 정신과 오직 우리 주(主) 예수 그리스도의 사랑과 공의로 나가야 할 것이다. 이것이 바로 태초에 하나님이 천지를 창조하시고 우리 민족을 창조하신 이유다.

5천 년 전 우리 조상은 파미르 고원을 넘고 넘실대는 황하의 물결을 건너 마지막 힘을 다해 흥안령에 도착하였다. 흥안령에서 바라본 드넓은 만주벌에 자리를 잡은 단군왕검은 고조선을 세웠다. 백두산 천지에서 바라본 고조선은 앞으로는 황금물결이 넘실대는 만주벌이요, 뒤로는 삼천리 반도 금수강산에 터전을 잡은 것이다. 애국가 마지막 4절의 가사처럼 혹독한 시련을 겪으며 드높은 기상과 한 마음으로 단합하여 충성한 결과다. 그러나 우리 민족은 5천 년이 지나는 동안 만주벌과 흑룡강을 잃어버리고 삼천리 반도마저 두 동강이 난 상태로 남과 북이 대치하고 있을 뿐만 아니라 먹고 살만하니 자유민주주의 대한민국은 이념과 지역으로 갈기갈기 찢어져 있는 상태다.

　다시 새로운 대한민국이 가야 할 길은 드넓은 기상을 품고 삼천리 반도를 복음통일하고 백두산 천지에서 만주벌을 가슴에 품고 흥안령까지 진군하는 것이다. 휴전선의 철조망을 걷어내고 개성 평양을 거쳐 백두산 천지에 태극기를 휘날리며 이어서 압록강과 두만강을 건너 만주벌을 지나고 흑룡강을 건너서 흥안령까지 가는 길이다. 이곳이 우리의 터전이기 때문이다. 한국교회는 아직도 의인 열 명과 바알에게 무릎 꿇지 않은 7천 명의 하나님의 백성들이 있으며 750만 명의 디아스포라와 사선을 넘어온 3만4천 명의 탈북자들과 북한의 지하교회 성도들이 있다. 아울러 여성 청년들과 우리의 보배인 50만 명의 대한민국 국군장병들이 있다. 이들이 대한민국과 우리 민족의 소망이다.

　성경은 "하나님의 양 무리를 치되 부득이함으로 하지 말고 오직 하나님의 뜻을 좇아 자원함으로 하며 더러운 이(利)를 위하여 하지 말고 오직 즐거운 뜻으로 하며 맡기운 자들에게 주장하는 자세를 하지 말고 오직 양 무리의 본(本)이 되라 그리하면 목자장이 나타나실 때에 시들지 아니하는 영광의 면류관을 얻으리라"(벧전5:2~4)며 대한민국의 지도자와 한국교회 지도자의 역할이 중요함을 기록하였다. 하나님은 스데반 집사의 순교 사건을 통해 사도바울을 예비하셨듯이 바울을 통하여 유대 땅에 머무르던 유대교를 로마제국을 통하여 전 세계 이방인에게 복음을 전하도록 기독교를 예비하신 것이다. 19세기 말 이 땅에 복음이 전파되었고 하나님의 때가 되어 21세기는 한민족의 시대를 열게 된 것이다. 이는 기원전 2,166년 가나안 땅에 아브라함을 세우시고 기원전 2,333년의 단군왕검을 예비하신 목적을 성취시킬 하나님의 때가 온 것이다.

대한민국의 젊은이들이 한 손에는 성경을 들고 또 다른 손에는 전문성을 가지고 5대양 6대주로 진출하여 750만 디아스포라와 함께 복음을 전할 사명이 있다. 21세기는 대한민국과 한민족의 시대이기 때문이다. 애국가의 첫 절의 가사다. "**동해물과 백두산이 마르고 닳도록 하나님이 보우하사 우리나라 만세 무궁화 삼천리 화려강산 대한사람 대한으로 길이 보전하세**" 동해물과 백두산이 마르고 닳는다면 세상은 종말이 올 것이다. 한민족은 백두산을 중심으로 한반도와 만주벌판을 인후군자(仁厚君子)의 기상을 가지고 홍익인간의 건국 이상을 내세우는 데 거칠 것이 없는 민족이다. 다시 말하면 대한민국과 한민족은 하나님의 보우하심으로 영원하다는 말씀을 기록한 것이다. 하나님의 계시와 영감으로 작사했기 때문이다. 21세기는 성령의 인도함을 받는 한민족의 인재들이 성경 말씀과 자본과 기술을 들고 유라시아 대륙과 5대양 6대주 전 세계를 무대로 자비량으로 복음을 전하는 세상이 될 것이다. 한민족의 후예들이 가야 할 길이며 부여받은 사명이다.

이스라엘 민족과 같이 한민족은 대단한 민족이다. 우리 민족은 더 나은 세상을 위해 스스로 연구하고 학문을 증진하여 건국이념의 말씀에 기록한 것처럼 홍익인간을 이루도록 부단한 노력을 해 왔다. 이들은 단군조선으로부터 시대의 변화에 따라 건국이념에 부합토록 불교와 도교, 유교 등 각종 사상과 철학을 연구하여 더 나은 세상을 소망했던 것이다. 이러한 노력은 근현대에 들어와서도 계속되었다. 바벨론 제국에 의해 남 유다가 멸망하면서 수많은 이스라엘 백성들이 포로로 끌려갔듯이 조선도 임진왜란에 이어 병자호란을 겪으면서 왕자를 비롯한 수많은 지식인과 부녀자와 문화 기술인들이 왜와 청나라의 포로로 끌어가 갖은 고초를 당하였다. 이를 계기로 선비들의 일부가 청나라에서 들여온 서양의 문물 중에 실학과 천주학을 연구함으로써 유교사상의 문제점을 해결하려는 과정에서 자생적으로 천주교도가 생겨났다. 위대한 민족이다. 이들은 북경에서 성경을 가져와 번역을 하여 민간에 전파하자 조선 왕실은 왕권을 강화하고자 이를 탄압하는 중에 몇 차례 천주교인들을 박해하는 사건이 일어났다.

조선 왕실은 천주교인들을 단지 천주(天主), 즉 하나님을 믿는다는 이유만으로 2만여 명을 처형하는 엄청난 악행을 저지른 것이다. 만여 명이 순교한 병인박해 사건은 병인양요를 일으키는 원인을 제공했으며 이를 계기로 조선은 왕권이 오히려 약화되어 쇄국정책은 무너지고 열강의 세력다툼의 장이 되어 마침내 일본의 식민지가 된 것이다. 나라가 힘을 잃으니 이웃 나라들이 처 들어온 것은 당연지사며 만고의 진리다. 이웃 나라를 원망할 것이 아니라 우리 스스로 나라의 힘을 길러야 하는 이유다. 부국강병만이 살 길이다.

천지창조의 질서와 인간의 원죄를 모르는 사람들은 성선설이니 성악설이니 하며 논쟁을 벌인다. 특히 인본주의 좌익사상에 매몰된 좌파들은 인간의 본성을 모르고 순진한 생각으로 힘이 없으면 돌봐야지 왜 침략을 하냐고 항변한다. 이들은 눈에 보이고 듣는 세상이 전부인 것으로 착각하며 사는 인생들이다. 이성과 감성을 초월하는 영적인 세상이 존재함을 모르는 자들이다. 특히 전교조 교사들이 창조의 질서와 세상 이치에 둔감하며 무지하여 인간이 하나님의 형상으로 창조된 위대한 존재인지 모르고 순진한 아이들을 현혹해서 지금의 이상한 세대(40~50)를 만들어 놨다.

  필자는 이들의 실체를 잘 알고 있다. 지금도 이들은 결혼하여 독립했음에도 불구하고 자신들이 모든 것을 책임지기 보다는 사회주의적 사고방식으로 은근히 부모 세대에게 기대는 경향이 있다. 모든 것이 내 책임이고 내 탓이다. 내가 거듭나고 변화되어야 세상은 달라지는 것이다. 미국의 젊은이들을 보라. 학교에서 부모로부터 도움받는 것을 혐오할 정도로 독립성을 가르친다. 우리나라 이민 역사는 1903년 하와이 이민을 그 시초로 본다. 일제의 침략으로 나라를 잃은 수많은 백성들은 살 길을 찾아 미국을 비롯한 만주와 일본 등으로 이주를 택했다. 따라서 가장 오래된 주미 한인의 이민역사는 2023년이 120년이 되는 역사적인 해였다.

  성경에서 120년은 그 의미가 남다르다. 모세 때문이다. 모세는 이스라엘 민족의 지도자로 120세에 죽음을 맞이한 인물이며 레위 족속이고 당시 세계 최고의 문명지인 애굽에서 태어났다. 그는 갈대 상자의 기적으로 바로왕의 공주의 아들로 입양되어 40세까지 세계 최고의 학문과 무예를 닦았다. 어느 날 모세는 동족을 괴롭히는 애굽인을 죽인 것이 탄로나 왕실에서 도망쳐 홍해 건너 하나님의 산인 호렙산(시내산) 기슭에서 미디안 제사장 이드로의 사위가 되어 양 무리를 치며 지내다 80세에 하나님의 부르심을 받아 이스라엘 민족의 지도자가 된 인물이다. 이후 모세는 이스라엘 백성과 동고동락하며 광야 40년 동안 하나님의 이적과 기적으로 2백만 명이 넘는 백성들을 인도하는 데 결정적인 역할을 한 위대한 지도자다. 모세는 오합지졸의 이스라엘의 백성들을 하나님으로부터 십계명을 친수하여 국가로써의 기틀을 세웠으며 장인 이드로의 도움으로 천부장 제도를 조직하여 행정조직과 군대조직을 완성했다. 또한 하나님의 신(神)이 거하시는 성막을 건립하여 이스라엘 민족이 가나안 땅을 향하여 행진할 때 하나님은 앞서 행하시고 거할 장막 칠 곳을 찾으시고 낮에는 구름기둥으로 밤에는 불기둥으로 인도하셨다. 가나안 땅이 보이는 광야 생활의 끝자락인 모압 평지에 도착한 이들은 이제 들어가서 가나안 땅만 점령하면 이스라엘 국가를 건국할 수 있는 모든 조건을 갖추게 됐던 것이다. 이때 모세의 나이가 120세였다.

믿음의 조상 아브라함

창조주 하나님은 천지만물을 창조하시고 마지막 날에 하나님의 형상을 닮은 인간을 창조하시고 복을 주셨다. 그러나 인간은 다 양 같아서 하나님을 떠나 각기 제 길로 갔기 때문에 하나님은 인간을 지으신 것을 크게 실망하시고 당대의 의인 노아와 그의 가족을 제외한 모든 인간을 홍수로 쓸어 멸하시고 노아의 아들 셈의 후예 중에 한 사람을 선택하였는데 그가 바로 믿음의 조상 아브라함이다.

어느 날 아브라함은 본토 친척 아비 집을 떠나 내가 네게 지시할 땅으로 가라는 하나님 말씀에 순종하여 가나안 땅에 들어왔으며 후에 그의 자손들은 기근을 피해 애굽의 고센 땅으로 내려가 성장하여 이스라엘의 민족이 됐다. 하나님은 출애굽 후에 이들에게 하나님의 말씀인 십계명을 주셨다. 시내산에 강림하신 하나님은 두 번씩이나 돌 판에 기록하여 모세에게 친수하신 율법이 바로 '**십계명**'이다. 십계명 말씀을 통해서 하나님은 이스라엘 백성이 복을 받으며 죄악으로부터 구원받기를 원하셨다.

십계명의 말씀을 요약하자면 "나 외에는 다른 신을 네게 두지 말지니라. 아무 형상의 우상을 만들지 말고 섬기지 말지니라. 하나님의 이름을 망령되이 부르지 말지니라. 안식일을 지켜 거룩하게 할지니라. 네 부모를 공경할지니라. 살인하지 말지니라. 간음하지 말지니라. 도적질하지 말지니라. 네 이웃에 대하여 거짓 증거하지 말지니라. 네 이웃의 소유를 탐내지 말지니라"고 하였다. 하나님은 십계명을 지키는 자에게는 천대까지 은혜를 베풀고 장수하며 큰 복을 누리리라고 약속하셨다. 하나님으로부터 십계명을 비롯한 율법과 규례와 법규를 받은 모세가 출애굽 40년 11월 1일 가나안 땅이 바라보이는 요단강 동편의 모압 고원의 평지에서 이스라엘의 새로운 세대들에게 전한 핵심적인 말씀이 신명기다.

성경에서 가장 중요한 말씀이 바로 신명기인 것이다. 요지는 이스라엘 백성은 앞으로 점령할 젖과 꿀이 흐르는 가나안 땅에서 오직 하나님의 말씀에 순종하라는 것이다. 이스라엘 민족이 사는 길을 가르쳐 주었다. 순종하면 복을 받고 불순종하면 저주를 받는다는 하나님의 말씀을 전한 것이다. 하나님의 말씀은 능력이고 하나님의 말씀은 지혜이며 하나님의 말씀은 광대하심과 권능과 영광과 이김과 위엄임을 알고 가슴팍 신앙의 말씀만이 살 길임을 강조한 것이다. 신명기에서 모세는 하나님의 말씀으로 애굽의 바로 왕의 술수를 굴복시킨 일과 출애굽하여 하나님께서 친히 광야 40년 동안 이스라엘 백성을 인도하셨음을 상기시켰다. 이제 가나안 땅 정복을 앞두고 백성들에게 지금까지 하나님이 너희와 함께 하셨음을 강조하고 앞으로도 함께 하실 것을 믿고 담대 하라며 말씀을 가르친 것이다.

"내가 너희에게 말하기를 그들을 무서워 말라 두려워하지 말라 너희 앞서 행하시는 너희 하나님 여호와께서 애굽에서 너희를 위하여 너희 목전에서 모든 일을 행하신 것 같이 이제도 너희를 위하여 싸우실 것이며 광야에서도 너희가 당하였거니와 사람이 자기 아들을 안음같이 너희 하나님 여호와께서 너희의 행로 중에 너희를 안으사 이곳까지 이르게 하셨느니라 하나 이 일에 너희가 너희 하나님 여호와를 믿지 아니하였도다 그는 너희 앞서 행하시며 장막 칠 곳을 찾으시고 밤에는 불로 낮에는 구름으로 너희의 행할 길을 지시하신 자니라"(신1:29~33)고 상기시켰다. "그런즉 너는 오늘날 상천하지에 오직 여호와는 하나님이시요 다른 신이 없는 줄을 알아 명심하고 오늘 내가 네게 명하는 여호와의 규례와 명령을 지키라 너와 네 후손이 복을 받아 네 하나님 여호와께서 네게 주시는 땅에서 한없이 오래 살리라"(신4:39~40)고 축복하셨다. 이는 하나님 한 분 밖에는 다른 신이 없음을 알고 오직 하나님만 섬기라고 가르친 것이다.

"이스라엘아 들으라 우리 하나님 여호와는 오직 하나인 여호와시니 너는 마음을 다하고 성품을 다하고 힘을 다하여 네 하나님 여호와를 사랑하라 오늘날 내가 네게 명하는 이 말씀을 너는 마음에 새기고 네 자녀에게 부지런히 가르치며 집에 앉았을 때에든지 길에 행할 때에든지 누웠을 때에든지 일어날 때에든지 이 말씀을 강론할 것이며 너는 또 그것을 네 손목에 매어 기호를 삼으며 네 미간에 붙여 표를 삼고 또 네 집 문설주와 바깥문에 기록할찌니라"(신 6:4~9)고 강조하였다. 부모가 자식을 말씀으로 양육할 것을 강조하신 것이다.

하나님의 말씀을 믿고 행하는 모든 민족은 세계에서 가장 뛰어난 민족이 되리라고 축복하셨음을 상기시켰다. "네가 네 하나님 여호와의 말씀을 삼가 듣고 내가 오늘날 네게 명하는 그 모든 명령을 지켜 행하면 네 하나님 여호와께서 너를 세계 모든 민족위에 뛰어나게 하실 것이라 네가 네 하나님 여호와의 말씀을 순종하면 이 모든 복이 네게 임하여 네게 미치리니 성읍에서도 복을 받고 들에서도 복을 받을 것이며 네 몸의 소생과 네 토지의 소산과 네 짐승의 새끼와 우양의 새끼가 복을 받을 것이며 네 광주리와 네 떡 반죽 그릇이 복을 받을 것이며 네가 들어와도 복을 받고 나가도 복을 받을 것이니라"(신28:1~6)고 축복하셨다. 이는 하나님을 믿는 백성은 이스라엘 민족뿐만 아니라 어느 민족이든 복을 받아 세계에서 가장 뛰어난 개인과 가문이 되며 세계의 모든 민족 위에 으뜸이 되는 최고의 국가와 민족으로 만드시겠다고 약속하신 것이다.

천지만물을 창조하신 하나님은 우주와 세계의 질서는 물론 국가의 흥망성쇠와 개인의 생사화복을 주관하시는 전지전능하시고 살아 역사하시는 하나님이시다. 따라서 하나님을 믿는 백성은 천지에 충만한 삶과 죄로부터 자유와 승리의 삶을 사는 풍성한 인생들이다. 하나님의 부르심에 충만했던 지도자 모세는 마지막 유언에 이스라엘 민족이 하나님의 말씀을 잊지 않도록 노래를 만들어 구전으로 전수하여 후세를 가르치게 했다. 신명기 32장은 모세의 마지막 말씀을 노래로 기록한 장이다. 후손에게 오랫동안 잊지 않고 전수할 수 있었기 때문이다. "옛날을 기억하라 역대의 연대를 생각하라 네 아비에게 물으라 그가 네게 설명할 것이요 네 어른들에게 물으라 그들이 네게 이르리로다"(신32:7)며 하나님의 말씀을 잊지 않도록 후손들에게 노래로 전할 수 있도록 당부하고 또 강조한 것이다. 이와 같이 하나님의 말씀을 찬양하는 노래와 시들은 오늘날의 찬송가가 된 것이다. 찬송과 찬양이 중요한 이유다. 함축적이며 곡조 있는 하나님의 말씀이기 때문이다.

욥기와 시편과 잠언과 전도서와 아가서는 우리의 삶과 역사 속에 임하시는 하나님의 모든 섭리를 함축적으로 기록한 말씀이다. 이는 중국의 당송시대의 시(詩)의 대가인 소식, 이백, 두보 등이 자연과 인생사와 국가의 흥망성쇠를 읊은 것을 생각하면 이해가 쉽다. 하나님은 가나안 땅 정복을 앞두고 하나님의 영이 충만한 모세의 시종 눈의 아들 여호수아를 모세의 후계자로 삼으시고 다음과 같이 약속하셨다. 너를 능히 당할 자가 없게 하리라는 말씀이다. 이는 오늘날 우리에게도 동일하게 적용되는 말씀이다.

"내가 모세에게 말한 바와 같이 무릇 너의 발바닥으로 밟는 곳을 내가 다 너희에게 주었노니 곧 광야와 이 레바논에서부터 큰 하수 유브라데에 이르는 헷 족속의 온 땅과 또 해지는 편 대해까지 너희 지경이 되리라 너의 평생에 너를 능히 당할 자 없으리니 내가 모세와 함께 있던 것 같이 너와 함께 있을 것임이라 내가 너를 떠나지 아니하며 버리지 아니하리니 마음을 강하게 하라 담대히 하라 너는 이 백성으로 내가 그 조상에게 맹세하여 주리라 한 땅을 얻게 하리라 오직 너는 마음을 강하게 하고 극히 담대히 하여 나의 종 모세가 네게 명한 율법을 다 지켜 행하고 좌로나 우로나 치우치지 말라 그리하면 어디로 가든지 형통하리니 이 율법책을 네 입에서 떠나지 말게 하며 주야로 그것을 묵상하여 그 가운데 기록한 대로 다 지켜 행하라 그리하면 네 길이 평탄하게 될 것이라 네가 형통하리라"(수1:3~8)고 말씀하셨다.

가나안 땅의 경계는 가나안과 대해, 즉 지중해의 해지는 편 서쪽 끝까지를 말한다. 이는 지중해 전 지역으로 전 세계를 의미하고 있다. 하나님의 말씀이 위대하고 능력이 있는 것은 다른 이방 족속들이 하나님의 말씀을 듣고 두려워했다는 점이다. 마귀를 비롯한 귀신들린 무당이나 모든 잡신들은 하나님의 말씀을 두려워한다. 사람도 마찬가지다. 한 길로 들어왔다가 일곱 길로 도망친다. "오늘부터 내가 천하 만민으로 너를 무서워하며 너를 두려워하게 하리니 그들이 네 명성을 듣고 떨며 너로 인하여 근심하리라 하셨느니라"(신2:25)고 하였다. 영적으로 민감했던 여리고 성의 기생 라합은 하나님의 위대하심을 풍문으로 듣고 이스라엘의 정탐꾼들과 거래를 하여 다음과 같은 약속을 받아낸 인물이다.

"두 사람이 눕기 전에 라합이 지붕에 올라가서 그들에게 이르러 말하되 여호와께서 이 땅을 너희에게 주신 줄을 내가 아노라 우리가 너희를 심히 두려워하고 이 땅 백성이 다 너희 앞에 간담이 녹나니 이는 너희가 애굽에서 나올 때에 여호와께서 너희 앞에서 홍해 물을 마르게 하신 일과 너희가 요단 저편에 있는 아모리 사람의 두 왕 시혼과 옥에게 행한 일 곧 그들을 전멸시킨 일을 우리가 들었음이라 우리가 듣자 곧 간담이 녹았고 너희의 연고로 사람이 정신을 잃었나니 너희 하나님은 상천하지의 하나님이시니라"(수1:8~11)고 고백한 것이다. 라합은 소문으로 출애굽부터 상천하지(上天下地)의 유일하신 하나님이 어떠한 분인지 이미 알아차렸던 것이다. 영적으로 깨어있던 라합은 후에 다윗과 예수그리스도의 조상이 됐다. 라합은 요셉과 다니엘처럼 마음이 민첩한 인물이었던 것이다.

사람의 팔자가 알다가도 모를 일은 여호와 하나님 말씀이 위대하기 때문이다. 모든 사람에게는 하나님의 형상이 있기 때문에 빈부귀천에 관계없이 우리는 모든 사람을 신령과 진정으로 대해야 함을 말씀하고 있다. 기생 라합만이 하나님 말씀에 순종하여 승리한 것이다.

여호수아 장군과 이스라엘 백성은 하나님의 말씀을 가슴팍에 새기고 순종하여 나가니 언덕까지 넘실대던 요단강의 물이 온전히 끊어져서 마른 땅으로 행하여 요단강을 건넜다고 성경은 기록하고 있다. 하나님의 말씀을 앞세우고 요단강을 건넌 것이다. "너희 하나님 여호와께서 요단 물을 너희 앞에 마르게 하사 너희로 건너게 하신 것이 너희 하나님 여호와께서 우리 앞에 홍해를 말리시고 우리로 건너게 하심과 같았나니 이는 땅의 모든 백성으로 여호와의 손이 능하심을 알게 하며 너희로 너희 하나님 여호와를 영원토록 경외하게 하려 하심이라 하라 요단 서편의 아모리 사람의 모든 왕과 해변의 가나안 사람의 모든 왕이 여호와께서 요단 물을 이스라엘 자손들 앞에서 말리시고 우리를 건네셨음을 듣고 마음이 녹았고 이스라엘 자손들의 연고로 정신을 잃었더라"(수4:23~5:1)고 기록했다. 이 소문은 순식간에 퍼져 나가 가나안 땅의 모든 대적들은 이를 듣고 마음이 녹고 정신을 잃었다는 것이다. 이들은 싸울 기력을 잃은 것이다. 이것은 바로 하나님의 말씀이 능력이며 만군의 여호와 하나님의 이름 자체가 능력인 것이다. 하나님의 일은 하나님이 하신다. 우리는 이를 믿고 순종할 따름이다. 증인이기 때문이다. 하나님이 함께하는 백성과 나라는 선승구전(先勝求戰), 즉 이겨놓고 싸운다는 말씀이다.

"그러나 이 모든 일에 우리를 사랑하시는 이로 말미암아 우리가 넉넉히 이기느니라 내가 확신하노니 사망이나 생명이나 천사들이나 권세자들이나 현재 일이나 장래 일이나 능력이나 높음이나 깊음이나 다른 아무 피조물이라도 우리를 우리 주 그리스도 예수 안에 있는 하나님의 사랑에서 끊을 수 없느니라"(롬8:37~39)고 하였다. 매일 매일 우리의 삶의 치열한 싸움에서도 하나님이 함께 하시면 모든 전투는 승리가 보장되는 것이다. 하나님의 말씀은 살아서 운동력이 있어 좌우에 날선 어떤 검보다도 예리하여 혼과 영과 관절과 골수를 찔러 쪼개기까지 하기 때문에 가나안 땅을 정복하고 사사시대와 왕정시대에도 말씀의 능력을 믿는 자는 누구든지 승리한 것이다.

특히 다윗은 하나님의 마음에 합한 역사상 가장 위대한 인물이다. 다윗은 이스라엘의 왕일 뿐만 아니라 전 세계 모든 민족의 왕의 영원한 표상이 됐다. 원수를 용서했기 때문이다. 사울을 용서했고, 아들 압살롬을 용서했다. 다윗은 초립동이 목동이었을 때에 블레셋과의 전투에서 만군의 여호와 하나님의 이름으로 골리앗을 이긴 위대한 민족의 영웅이다. 여호와 하나님의 이름이 능력과 권세이기 때문이다.

"다윗이 블레셋 사람에게 이르되 너는 칼과 창과 단창으로 내게 오거니와 나는 만군의 여호와의 이름 곧 네가 모욕하는 이스라엘의 군대의 하나님의 이름으로 네게 가노라 오늘 여호와께서 너를 내 손에 붙이시리니 내가 너를 쳐서 네 머리를 베고 블레셋 군대의 시체로 오늘날 공중의 새와 땅의 들짐승에게 주어 온 땅으로 이스라엘에 하나님이 계신 줄 알게 하겠고 또 여호와의 구원하심이 칼과 창에 있지 아니함을 이 무리로 알게 하리라 전쟁은 여호와께 속한 것인즉 그가 너희를 우리 손에 붙이시리라"(삼상17:45~47)고 말씀하였다.

광야에서 양이나 돌보던 별 볼 일 없던 초립동이 다윗을 왕으로 선택된 이유는 중심을 보시는 하나님의 마음에 합한 자였기 때문이다. 어린 다윗이 하나님을 만나고 달라진 것이다. "여호와께서 사무엘에게 이르시되 그 용모와 신장을 보지 말라 내가 그를 이미 버렸노라 나의 보는 것은 사람과 같지 아니하니 사람은 외모를 보거니와 나 여호와는 중심을 보느니라 이에 보내어 그를 데려오매 그의 빛이 붉고 눈이 빼어나고 얼굴이 아름답더라 여호와께서 가라사대 이가 그니 일어나 기름을 부으라 그에게 부었더니 이 날 이후로 다윗이 여호와의 신에게 크게 감동되니라"(삼상16:7, 12~13)고 성경은 기록하고 있다.

모세가 신명기에서 후손들에게 하나님의 말씀을 가슴팍에 새기도록 당부하고 또 당부한 말씀을 양 떼를 돌보던 초립동이 다윗은 생명처럼 지키고 순종했기 때문에 살아계신 하나님의 택함을 받았고 여호와의 기름 부은 자를 용서했기 때문에 세계에서 가장 위대한 왕이 된 것이다. 이스라엘 민족이 하나님의 말씀에 절대적으로 순종했던 시기는 다윗 왕 시대로 당시 궁궐에서 직접 운영하는 수백 척의 선단을 꾸려서 지중해를 비롯한 홍해 전 지역에 운용하여 엄청난 부와 권세를 축적하였다. 전 세계에서 가장 위대한 민족이 되었고 위대한 국가가 된 것이다. 하나님은 이스라엘의 안과 밖을 축복하셨다. 위대한 지도자 때문이다. 다윗 왕은 하나님의 말씀을 온전히 순종하여 행했기 때문이다.

다윗은 평생에 자신과 함께했던 하나님을 온 마음과 힘을 다하여 송축한 말씀이 역대상의 마지막 부분에 기록한 말씀이다. "다윗이 온 회중 앞에서 여호와를 송축하여 가로되 우리 조상 이스라엘의 하나님 여호와여 주는 영원히 송축을 받으시옵소서 여호와의 광대하심과 권능과 영광과 이김과 위엄이 다 주께 속하였사오니 천지에 있는 것이 다 주의 것이로소이다 주는 높으사 만유의 머리심이니이다 부와 귀가 주께로 말미암고 또 주는 만유의 주재가 되사 손에 권세와 능력이 있사오니 모든 자를 크게 하심과 강하게 하심이 주의 손에 있나이다 우리 하나님이여 이제 우리가 주께 감사하오며 주의 영화로운 이름을 찬양하나이다"(대상 29:10~13)며 하나님께 영광과 주권을 온전히 돌린 위대한 왕이다. 그러나 아들 솔로몬은 말년에 선친인 다윗의 위대한 신앙의 유산을 버렸다. 사람은 인생의 전반생보다 후반생을 잘 보내야 진정한 승리의 삶을 사는 것이다.

젊어서 일천 번제까지 드렸던 솔로몬 왕은 성전과 자신의 왕궁을 건축하고 난 후부터 선대의 축적한 부와 권세를 유지하기 위해 아버지 다윗과는 다르게 절대적으로 하나님을 의지하기 보다는 인본주의적인 사고와 혼인정책으로 부인들이 믿던 수많은 신들을 들여와 왕국은 아들 르호보암 대에 남북으로 분열되었다. 하나님이 친수하신 십계명의 말씀을 순종하지 않았기 때문이다. 이후 이스라엘 민족은 기원전 722년 북이스라엘은 앗수르 제국에 멸망하였고 남 유다는 기원전 586년 바벨론 제국에 멸망하였다. 멸망의 원인은 물질과 음란에 취하여 이방신인 바알과 아세라를 숭배하고 하나님의 말씀을 불순종했기 때문이다. 그러나 이들은 뒤늦게 회개하고 뉘우쳐 나라는 비록 멸망하였지만 하나님의 말씀은 불사조처럼 살아서 유대인들을 결속시켰다. 바벨론의 노예로 끌려간 다니엘과 세 친구, 스가랴, 말라기, 느헤미야와 에스라와 같은 선지자들의 신앙심은 이어져서 지금도 전 세계 유대인들의 마음속에서 살아서 역사하고 있기 때문이다. 즉 가슴팍에 새긴 하나님의 말씀 덕분이다.

기원전 444년 바사(페르시아) 왕 고레스는 "이스라엘의 하나님은 참신이시라 너희 중에 무릇 그 백성 된 자는 다 유다 예루살렘으로 올라가서 거기 있는 여호와의 전을 건축하라 너희 하나님이 함께 하시기를 원하노라"(스1:3)며 예루살렘 성전 건축을 명령하였다. 이로써 포로들의 명단과 족보가 작성되고 이들에 의해 무너져서 황폐한 예루살렘의 성전은 여러 방해에도 불구하고 재건되었다. 이에 힘입어 제사장 겸 학사 에스라는 율법을 가르치기로 결심했다고 성경은 기록하고 있다. "에스라가 여호와의 율법을 연구하여 준행하며 율례와 규례를 이스라엘에게 가르치기로 결심하였더라"(스7:10)고 했다. 가슴팍 신앙이 율법학자들에게 전수되고 대부분의 가문에게도 자자손손 전수되었던 것이다.

기원전 420년경 아닥사스다 왕 때 바벨론의 수산 궁의 술 관원인 느헤미야는 자신의 민족의 회복을 위해 하나님께 기도하던 중 마침내 예루살렘 성을 재건하라는 왕의 명령을 받게 되었다. 느헤미야는 늘 깨어서 기도하여 준비되고 예비 된 인물이었다. 신명기의 말씀을 후손에게 전수한 하나님의 사람이었다.

"가로되 하늘의 하나님 여호와 크고 두려우신 하나님이여 주를 사랑하고 주의 계명을 지키는 자에게 언약을 지키시며 긍휼을 베푸시는 주여 간구하나이다 이제 종이 주의 종 이스라엘 자손을 위하여 주야로 기도하오며 이스라엘 자손의 주 앞에 범죄 함을 자복하오니 주는 귀를 기울이시며 눈을 여시사 종의 기도를 들으시옵소서 나와 나의 아비 집이 범죄하여 주를 향하여 심히 악을 행하여 주의 종 모세에게 주께서 명하신 계명과 율례와 규례를 지키지 아니하였나이다 옛 적에 주께서 주의 종 모세에게 명하여 가라사대 만일 너희가 범죄하면 내가 너희를 열국 중에 흩을 것이요 만일 내게로 돌아와서 내 계명을 지켜 행하면 너희 쫓긴 자가 하늘 끝에 있을 찌라도 내가 거기서부터 모아 내 이름을 두려고 택한 곳에 돌아오게 하리라 하신 말씀을 이제 청컨대 기억하옵소서 이들은 주께서 일찍 큰 권능과 강한 손으로 구속하신 주의 종이요 주의 백성이니이다 주여 구하오니 귀를 기울이사 종의 기도와 주의 이름을 경외하기를 기뻐하는 종들의 기도를 들으시고 오늘날 종으로 형통하여 이 사람 앞에서 은혜를 입게 하옵소서 하였나니 그때에 내가 왕의 술관원이 되었느니라"(느1:5~11)고 기록하고 있다. 이와 같이 유대인들은 가슴팍 신앙에 힘입어 바벨론의 그 어려운 포로생활 속에서도 메소포타미아의 그발 강가와 아하와 강가에 앉아서 신세를 한탄한 것이 아니라 금식을 선포하고 다시 회개하고 하나님께서 주신 말씀을 가슴팍에 새겨 실행하고 있었다.

에스라와 느헤미야서를 보면 제사장 겸 학사 에스라만 성경 말씀에 통달한 것이 아니라 제사장들과 레위인들과 모든 백성들도 하나님의 말씀을 새벽부터 정오까지 때로는 밤을 새워가며 듣고 암기하는 모습을 보면 이들이 얼마나 모세의 신명기 말씀을 순종하여 철저하게 가슴팍에 새겼는지 알 수 있다. 이들은 안식일을 포함하여 모든 절기에 함께 모여서 하나님의 말씀을 온종일 들었던 것이다. "그 달 이십사일에 이스라엘 자손이 다 모여 금식하며 굵은 베를 입고 티끌을 무릅쓰며 모든 이방 사람과 절교하고 서서 자기의 죄와 열조의 허물을 자복하고 이 날에 낮 사분지 일은 그 처소에 서서 그 하나님 율법 책을 낭독하고 낮 사분지 일은 죄를 자복하고 그 하나님 여호와께 경배하는데"(느9:1~3)라고 기록하고 있다. 이들은 포로생활 중에도 지속적으로 성경말씀을 가슴팍에 새기는 일을 게을리 하지 않았다. 오직 하나님의 말씀만이 살 길이며 회복할 수 있는 유일한 길이었기 때문이었다. 어둠이 짙어지면 새벽이 반드시 찾아오듯이 하나님은 이스라엘 백성들을 잊지 않으시고 이들이 다시 선민으로서 그들의 정체성을 찾기를 원하셨다. 이들은 점차 매너리즘에 빠져 하나님의 백성으로서 율법을 사랑하고 순종하는 대신 율법의 탈을 쓴 배우들로 위선의 극치를 달리고 있었다. 예루살렘의 백성들은 맛 잃은 소금과 같이 아무 쓸모가 없는 위선적인 삶을 살고 있었던 것이다. 헤롯왕과 대제사장인 관원들은 백성들을 수탈하고 거짓 말씀으로 이들을 미혹하고 현혹시키고 있었던 것이다.

어둠 속에서 하나님은 이스라엘 백성뿐만 아니라 이방인들도 빛을 찾아 하나님의 자녀로 거듭나기를 원하셨다. 마침내 하나님은 당신의 사랑하는 아들 예수그리스도를 이 땅에 우리와 똑같은 성정을 가진 육신의 모습으로 보내사 모든 민족을 구원하기를 원하셨던 것이다. 하나님의 주권적이고 절대적인 섭리가 시작됐다.

예수그리스도의 세계

신약성경의 첫 장인 "아브라함과 다윗의 자손 예수그리스도의 세계라"(마1:1)로 시작하는 마태복음서의 말씀은 특별한 의미가 있다. 하나님이 보내신 예수그리스도는 이스라엘 백성이 그렇게 기다리고 기다리던 메시아였지만 누구도 이를 잘 몰랐으며 열두 제자 중의 하나인 베드로와 요한, 야고보, 마태, 마가 등 일부 제자들만 예수님의 정체성을 정확히 꿰뚫어 본 것 같다. 마태는 제자로 부르심은 약간 늦었지만 다른 제자들이 가지고 있지 않은 영적인 통찰력과 육신의 일에 정통한 인물로 예수님의 신성과 인성을 동시에 볼 수 있는 탁월한 안목이 있었다. 게다가 세리 특유의 섬세함과 기록 능력이 뛰어나고 모세오경의 의미와 이스라엘 역사에 정통했던 마태는 예수그리스도를 육신의 계보인 아브라함과 다윗의 자손임을 밝히는 기가 막힌 방법으로 신약성경의 첫 머리를 구약성경과 연결한 것이다. 천재성이 엿보이는 대목이다.

마태는 아브라함으로 시작된 언약 백성인 이스라엘이 지금은 멸망하여 비록 로마의 식민지가 되었지만 하나님은 아브라함과 이삭과 야곱에게 약속하신대로 세계 최고의 다윗 왕국을 건설했던 왕 중의 왕인 다윗의 후손인 "예수그리스도의 세계라"는 멋진 표현으로 새로운 미래 시대를 연 것이다. 이는 제자 마태의 위대성이 엿보이는 대목이며 마태복음서가 복음서의 중심으로써 자리 매김할 수 있는 근거가 된 것이다. 마태복음을 통해 예수 그리스도가 구약의 성부 하나님의 새로운 패러다임의 실체로 우리 삶 속에 깊이 들어오신 것임을 알아야 한다. 예수님은 인류를 향하신 성부 하나님의 사랑 즉 십자가의 사랑의 본체시며 육신의 모습으로 오신 하나님이기 때문이다. 예수의 십자가 보혈은 아담으로부터 인간을 얽어매던 모든 죄악의 사슬을 단번에 끊어서 자유 함을 누릴 수 있는 발판을 제공했으며, 죽음 후에는 부활 승천하셔서 하나님 우편에 계신 왕 중의 왕이시다.

우리의 모든 시선은 예수 그리스도께 고정돼야 한다. 예수께서 유대 관원들에게 말씀하신 바와 같이 생베 조각을 낡은 옷에 붙이지 않는다는 것과 새 포도주는 낡은 가죽 부대에 넣지 않는다는 것과 같이 하나님은 본질은 변함이 없으나 예수 그리스도를 통하여 죄로부터의 해방과 자유, 율법의 완성을 실행하신 것이다. 즉 하나님 나라와 하나님의 의를 완성한 것이다. 마태는 예수님의 말씀과 행함을 통해 이를 깨달아 구약과 신약의 연속성과 하나님의 사랑을 기가 막힌 표현으로 마태복음을 기록한 인물이다. 즉 성부 하나님이 주도하고 성자 하나님과 성령 하나님이 조연하던 시대는 예수 그리스도의 탄생과 함께 예수님이 주연으로 전면에 나선 것이다. 구약의 수많은 선지자들이 예언한 바와 같이 예수 그리스도의 탄생은 새로운 시대를 예고했다. 예수님도 모세의 가슴팍 신앙의 핵심인 신명기와 시편과 예언서 등 구약성경의 말씀을 자주 인용하셨다.

"그 때에 예수께서 성령에게 이끌리어 마귀에게 시험을 받으러 광야로 가사 사십일을 밤낮으로 금식하신 후에 주리신지라 시험하는 자가 예수께 나아와서 가로되 네가 만일 하나님의 아들이어든 명하여 이 돌들이 떡 덩이가 되게 하라 예수께서 대답하여 가라사대 기록되었으되 사람이 떡으로만 살 것이 아니요 하나님의 입으로 나오는 모든 말씀으로 살 것이라 하였느니라 하시니"(마4:1~4)라고 기록하고 있다. '기록되었으되'의 표현은 예수님도 어려서부터 구약성경의 말씀을 이미 가슴팍에 새기고 있었음을 알 수 있는 대목이다. 예수께서 하신 모든 말씀도 하나님 아버지께 묻고 말씀하셨다. 따라서 모든 생명의 원천은 오직 하나님의 말씀이며 결국 이 말씀은 한 개인을 세계 최고의 뛰어난 인물로 만들며 세계의 뛰어난 국가와 민족을 이룬다고 약속하셨던 것이다. 이는 하나님께서 아브라함과 이삭과 야곱에게 언약하신 것이며 이 말씀이 전수되어 우리가 살고 있는 21세기에도 여전히 유효하며 세상 끝 날까지 유효한 것이다.

예수께서 갈릴리 가버나움 지역에서 복음을 전하실 때 로마군단 소속의 한 백부장이 하인 하나가 중풍 병에 걸려 죽게 되었다고 도움을 청하자 예수께서 고쳐 주리라고 하셨다. 그러자 "백부장이 대답하여 가로되 주여 내 집에 들어오심을 나는 감당치 못하겠사오니 다만 말씀으로만 하옵소서 그러면 내 하인이 낫겠삽나이다"(마8:8)며 고백한 말씀이 기록되어 있다. 이는 이방인들도 하나님의 신(神)이 최고의 신(神)임을 이미 알고 있었고 로마제국의 군대로부터 유대 지역에 파견된 백부장은 이스라엘 민족의 가슴팍 신앙의 위대함을 현지 체험을 통해 깨닫고 있었던 것이다. 예수님이 그리스도이심을 간파한 인물이다. 하나님은 말씀으로 천지만물을 창조하셨으며 말씀으로 어둠을 물리치고 빛을 창조하시며 말씀으로 사람을 하나님의 형상으로 지은 것을 믿고 있던 것이다. 백부장은 예수 그리스도의 말씀의 능력으로 어둠의 세력과 악한 영과 모든 병마는 깨어지고 녹아지며 새롭게 거듭남을 믿고 있었던 믿음이 좋은 인물이었다.

예수님은 마태복음서에서 두 번씩이나 이 땅에 오신 목적을 강조하셨다. "예수께서 모든 성과 촌에 두루 다니사 저희 회당에서 가르치시며 천국 복음을 전파하시며 모든 병과 모든 약한 것을 고치시니라 무리를 보시고 민망히 여기시니 이는 저희가 목자 없는 양과 같이 고생하며 유리함이라 이에 제자들에게 이르시되 추수할 것은 많되 일군은 적으니 그러므로 추수하는 일군에게 청하여 추수할 일군들을 보내어 주소서 하라 하시니라"(마9:35~38)며 오신 목적은 성경 말씀을 가르치시며 천국 복음을 전하시고 병든 자와 모든 약한 것을 고치신 것이다. 따라서 사도들은 말씀을 가르치며 천국복음을 전하고 병든 자를 치료하며 약한 것을 고치는 일에 집중하였다.

복음의 능력을 전한 사도들

사도행전에서 사도들은 오로지 말씀에 집중하고 나머지 사역은 집사들을 뽑아 구제하고 행정적인 일을 하도록 한 기록이 나온다. 그럼에도 불구하고 일곱 집사 중의 하나인 스데반 집사의 유대 관원을 향한 연설 내용을 보면 얼마나 이들이 하나님의 말씀인 성경을 어릴 적부터 가슴팍에 새기며 어떠한 상황에서도 흔들리지 않고 성경 말씀에 따라 생활하는지 알 수 있는 대목이 나온다. 사도행전 7장에 기록한 말씀이다. 사도바울은 고린도서에서 하나님의 말씀의 위대함을 선포하며 하나님의 미련한 것이 사람보다 지혜롭고 하나님의 약한 것이 사람보다 강하니라고 선포하였다. 우리의 삶은 성경 말씀에 따라 순종할 때 최고의 삶을 살게 된다고 말씀한 것이다. 스데반 집사의 순교 현장을 지휘하던 사울은 다메섹 도상에서 자신이 핍박하던 예수, 즉 십자가에서 죽으시고 부활 승천하시며 보혜사 성령을 주신 예수그리스도를 만나면서 본격적인 성령의 시대를 연 인물이다. 예수 그리스도께서 부활 승천하시고 보혜사 성령을 보내신 후부터는 성령 하나님이 주연이 되는 세상을 여신 것이다.

"내 말과 내 전도함이 지혜의 권하는 말로 하지 아니하고 다만 성령의 나타남과 능력으로 하여 너희 믿음이 사람의 지혜에 있지 아니하고 다만 하나님의 능력에 있게 하려 함이니라"(고전2:4~5)고 하였다. "유대인들은 표적을 구하고 헬라인은 지혜를 찾으나 우리는 십자가에 못 박힌 그리스도를 전하니 유대인에게는 거리끼는 것이요 이방인에게는 미련한 것이로되 오직 부르심을 입은 자들에게는 유대인이나 헬라인이나 그리스도는 하나님의 능력이요 하나님의 지혜니라"(고전 1:22~24)고 말씀하였다. 바울은 로마에 있는 그리스도인들에게 "내가 이 복음을 부끄러워하지 아니하노니 이 복음은 모든 믿는 자에게 구원을 주시는 하나님의 능력이 됨이라 첫째는 유대인에게요 또한 헬라인에게로다"(롬1:16)고 하였다. 표적을 구하는 유대인이나 그리스 철학에 도(道)가 튼 헬라인 보다도 하나님의 말씀이 위대하며 곧 능력과 지혜라고 선포한 것이다. 사도 바울을 통하여 성령 하나님께서 역사하신 것이다.

성경은 삼위일체 하나님의 말씀이다. 이 말씀은 신묘막측하고 생명력이 넘치며 하나님의 능력과 하나님의 지혜의 보고(寶庫)인 것이다. 살아

계신 전지전능한 하나님이 역사하는 현장인 것이다. "하나님의 말씀은 살았고 운동력이 있어 좌우에 날선 어떤 검보다도 예리하여 혼과 영과 관절과 골수를 찔러 쪼개기까지 하며 또 마음의 생각과 뜻을 감찰하나니"(히4:12)라고 기록하고 있다. 겨자씨만 한 믿음이라도 있어야 한다. 믿음으로 우리는 선한 싸움을 싸우며 하나님의 말씀을 가르치며 천국 복음을 전파하고 모든 질병에서 해방되며 인간사 모든 문제가 해결되는 것이다. 하나님의 말씀이 대박인 것이다. "모든 성경은 하나님의 감동으로 된 것으로 교훈과 책망과 바르게 함과 의로 교육하기에 유익하니"(딤후 3:16)라고 하였다. "이 율법책을 네 입에서 떠나지 말게 하며 그 가운데 기록한 대로 다 지켜 행하라. 그리하면 네 길이 평탄하여 질 것이요 네가 형통하리라"(수1:8)고 말씀하고 있다. 하나님의 말씀은 살아서 역사하신다. "여호와께서 그들 앞에 행하사 낮에는 구름 기둥으로 그들의 길을 인도하시고, 밤에는 불기둥으로 그들에게 비취사 주야로 진행하게 하시니 낮에는 구름, 밤에는 불기둥이 백성 앞에서 떠나지 아니하니라"(출 13:21~22)고 하였다. 하나님의 말씀은 앞서 행하시고 거할 장막 칠 곳을 찾으시고 불기둥과 구름기둥으로 우리의 삶을 인도하시는 것이다. 우리가 할 일은 하나님인 성경 말씀을 믿고 그대로 행하며 따라가면 된다. 말씀이 우리를 인도하시며 선을 이루기 때문이다. 따라서 하나님의 말씀을 가르치고 제자 삼는 일이 중요하다. 신명기에서 모세는 자녀들에게 먼저 성경 말씀을 가르치는 것이 가장 기본임을 강조했다. 말씀이 모든 삶의 원천이기 때문이다.

"옛날을 기억하라 역대의 연대를 생각하라 네 아비에게 물으라 그가 네게 설명할 것이요 네 어른들에게 물으라 그들이 네게 이르리로다"(신 32:7)고 가르쳤다. "너는 마음을 다하고 성품을 다하고 힘을 다하여 네 하나님 여호와를 사랑하라 오늘날 내가 네게 명하는 이 말씀을 너는 마음에 새기고 네 자녀에게 부지런히 가르치며 집에 앉았을 때에든지 길에 행할 때에든지 누웠을 때에든지 일어날 때에든지 이 말씀을 강론할 것이며 너는 또 그것을 네 손목에 매어 기호를 삼으며 네 미간 표에 붙여 표를 삼고 또 네 집 문설주와 바깥문에 기록할찌니라"(신6:5~9)고 강조하고 또 당부하였다. 부모 세대들이 유념해야 할 말씀이다. 가정에서 부모는 자신부터 솔선하여 하나님의 말씀을 읽고 묵상하며 현장에서 적용하는 삶이 일상이어야 한다. 하나님과 동행하는 삶은 단순해야 한다. 말씀과 가정이 삶의 중심이 되어야 한다.

우리 한민족은 지혜롭고 부지런하다. 어릴 때부터 자녀들에게 말씀을 가르치고 말씀에 순종하면 하나님은 다양한 방법으로 개인과 가정은 물론 대한민국과 한민족을 축복하시고 세계의 선교강국과 세계의 중심국가로 세상을 주도하게 하실 것임을 확신한다.

이 글을 읽는 모든 독자는 오늘부터 나와 가족들의 신앙을 위해 솔선수범하며 자녀들과 손주들을 가르치고 예수그리스도의 제자로서의 삶을 살아갈 것을 권면한다. 이는 내가 살고 가정이 살고 교회가 살고 국가가 살고 나아가 한민족과 세계가 사는 길이기 때문이다. "그러나 너는 배우고 확신한 일에 거하라 네가 뉘게서 배운 것을 알며 또 네가 어려서부터 성경을 알았나니 성경은 능히 너로 하여금 그리스도 예수 안에 있는 믿음으로 말미암아 구원에 이르는 지혜가 있게 하느니라"(딤후3:14~15)고 기록하고 있다. 하나님께서 이스라엘 백성에게 주신 모든 율법의 근간이 되는 '십계명'의 말씀을 다시 강조하도록 하겠다. 이는 예수님의 시대는 물론 오늘 날 성령의 시대에도 성경말씀의 기초를 이루며 반드시 지켜야 할 하나님의 명령이기 때문이다. 모든 삶의 지혜와 하나님의 뜻이 온전히 녹아있기 때문이다.

"나는 너를 애굽 땅 종 되었던 집에서 인도하여 낸 너희 하나님 여호와로다 너는 나 외에는 다른 신들을 네게 있게 말찌니라, 너는 자기를 위하여 새긴 우상을 만들지 말고 또 위로 하늘에 있는 것이나 아래로 땅에 있는 것이나 땅 아래 물속에 있는 것의 아무 형상이든지 만들지 말며 그것들에게 절하지 말며 그것들을 섬기지 말라 나 여호와 너의 하나님은 질투하는 하나님인즉 나를 미워하는 자의 죄를 갚되 아비로부터 아들에게로 삼사 대까지 이르게 하거니와 나를 사랑하고 내 계명을 지키는 자에게는 천 대까지 은혜를 베푸느니라, 너는 너의 하나님 여호와의 이름을 망령되이 일컫지 말라 나 여호와는 나의 이름을 망령되이 일컫는 자를 죄 없는 줄로 인정치 아니하리라 여호와 너의 하나님이 네게 명한대로 안식일을 지켜 거룩하게 하라 엿새 동안은 힘써 네 모든 일을 행할 것이나 제 칠일은 너의 하나님 여호와의 안식일인즉 너나 네 아들이나 네 딸이나 네 남종이나 네 여종이나 네 소나 네 나귀나 네 모든 육축이나 네 문안에 유하는 객이라도 아무 일도 하지 말고 네 남종이나 네 여종으로 너 같이 안식하게 할찌니라 너는 기억하라 네가 애굽 땅에서 종이 되었더니 너의 하나님 여호와가 강한 손과 편 팔로 너를 거기서 인도하여 내었나니 그러므로 너의 하나님 여호와가 너를 명하여 안식일을 지키게 하느니라 너는 너의 하나님 여호와의 명한 대로 네 부모를 공경하라, 그리하면 너의 하나님 여호와가 네게 준 땅에서 네 생명이 길고 복을 누리리라 살인하지 말찌니라 간음하지 말찌니라, 도적질하지 말찌니라, 네 이웃에 대하여 거짓증거하지도 말찌니라, 네 이웃의 아내를 탐내지도 말찌니라 네 이웃의 집이나 그의 밭이나 그의 남종이나 그의 여종이나 그의 소나 그의 나귀나 무릇 네 이웃의 소유를 탐내지 말찌니라"(신5:6~21)고 하였다. 모세는 이스라엘의 후손에게 이 말씀을 반드시 순종하도록 강조하고 또 강조하고 당부한 말씀이다. 십계명은 하나님이 창조한 인류의 삶의 근간이 되는 말씀이기 때문이다.

십계명의 말씀을 계승하고 이를 완성한 예수그리스도의 '산상수훈'의 말씀은 예수님의 정체성과 구약의 율법을 집대성한 주옥같은 말씀인 동시에 새로운 패러다임으로 복음서의 문을 활짝 연 황금 십자가 열쇠와 같은 말씀이다. "심령이 가난한 자는 복이 있나니 천국이 저희 것임이요 애통하는 자는 복이 있나니 저희가 위로를 받을 것임이요 온유한 자는 복이 있나니 저희가 땅을 기업으로 받을 것임이요 의에 주리고 목마른 자는 복이 있나니 저희가 배부를 것임이요 긍휼히 여기는 자는 복이 있나니 저희가 긍휼히 여김을 받을 것임이요 마음이 청결한 자는 복이 있나니 저희가 하나님을 볼 것임이요 화평케 하는 자는 복이 있나니 저희가 하나님의 아들이라 일컬음을 받을 것임이요 의를 위하여 핍박을 받는 자는 복이 있나니 천국이 저희 것임이라 나를 인하여 너희를 욕하고 핍박하고 거짓으로 너희를 거스려 모든 악한 말을 할 때에는 너희에게 복이 있나니 기뻐하고 즐거워하라 하늘에서 너희의 상이 큼이라 너희 전에 있던 선지자들을 이같이 핍박하였느니라"(마 5:3~12)고 말씀의 문을 여셨다. 예수께서 마태의 복음서로 말씀의 문을 열었다면 요한의 복음서로 말씀의 문을 닫으시고 성령의 시대를 여셨다.

마태는 복음서에서 구약과 신약을 연결하고 하나님의 아들 예수그리스도의 인성과 신성을 가장 잘 표현했으며 예수그리스도의 오신 목적과 정체성을 사도 요한과 함께 가장 잘 기록한 인물이다. 마태는 예수께서 말씀하시고 행하신 모든 사실에 근거하여 구약 성경에 관한 지식과 그의 탁월한 영적인 통찰력과 논리적 사고와 인간의 내면에 숨어있는 정신세계를 잘 이해하여 기록한 것이다. 마태는 변화산성에서 모세와 엘리야가 예수로 더불어 말씀하시는 장면을 "베드로가 예수께 여짜와 가로되 우리가 여기 있는 것이 좋사오니 주께서 만일 원하시면 내가 여기서 초막 셋을 짓되 하나는 주를 위하여, 하나는 모세를 위하여, 하나는 엘리야를 위하여 하리이다 말할 때에 홀연히 빛난 구름이 저희를 덮으며 구름 속에서 소리가 나서 가로되 이는 내 사랑하는 아들이요 내 기뻐하는 자니 너희는 저의 말을 들으라 하는지라"(마17:4~5)의 말씀을 기록하였다. 예수그리스도는 하나님의 아들임을 베드로, 야고보, 요한이 함께 있는 자리에서 하늘로부터 소리를 다 같이 듣고 확실하게 예수는 하나님의 아들임을 기록한 것이다.

마태는 당시 이스라엘 건국의 아버지인 모세나 선지자 엘리야와는 차원이 전혀 다른 예수 그리스도를 하나님의 아들임을 선포한 것이다. 모세는 하나님의 집의 사환이고 예수 그리스도는 아들임을 간파한 인물이다. 마태가 위대한 이유이다. 성령 하나님께서 이를 간파하게 하신 것이다. 마태는 동료 사도들과 함께 갈릴리 지역에서 예수님의 수많은 이적과 기적의 사역 현장을 보았으며 예수님과 같이 갈릴리를 떠나 물질과 음란과 우상숭배의 도시인 두로와 시돈을 거쳐 가이샤라 빌립보 지방까지 여행을 다녀 온 적이 있다. 가이샤라 빌립보는 북쪽의 헬몬산의 눈이 녹아 갈릴리 호수로 들어가는 중간 경유 지점에 위치한 지역으로 물이 풍부하여 각종 꽃과 수목이 우거지고 폭포수가 아름다운 휴양지다. 예수께서는 이곳에 도착하여 제자들과 함께 힘든 여정에 충분한 휴식을 취하고 그동안의 사역을 정리하며 비로소 제자들에게 자신이 누구인지 질문을 하는 장면이 나온다.

"예수께서 가이샤라 빌립보 지방에 이르러 제자들에게 물어 가라사대 사람들이 인자를 누구랴 하느냐 가로되 더러는 세례요한, 더러는 엘리야, 어떤 이는 예레미야나 선지자 중의 하나라 하나이다. 가라사대 너희는 나를 누구라 하느냐 시몬 베드로가 대답하여 가로되 주는 그리스도시요 살아 계신 하나님의 아들이시니이다"(마16:13~16)고 대답하였다. 마태는 베드로의 고백처럼 예수께서 하나님의 아들이심과 여기를 떠나 엿새 후에 변화 산에서 이는 내 사랑하는 아들이라는 하나님의 음성을 놓치지 않고 기록한 것이다.

마태는 예수께서 마지막 선지자인 세례 요한으로부터 요단강에서 세례를 받으실 때에도 하늘로써 소리가 있어 하나님의 아들이심을 놓치지 않고 기록했다. "예수께서 세례를 받으시고 곧 물에서 올라오실쌔 하늘이 열리고 하나님의 성령이 비둘기 같이 내려 자기 위에 임하심을 보시더니 하늘로서 소리가 있어 말씀하시되 이는 내 사랑하는 아들이요 내 기뻐하는 자라 하시니라"(마3:16~17)고 하였다.

사도 요한은 예수 그리스도는 육신으로 오신 하나님이시며 하나님의 아들임을 가장 먼저 알아차린 마음이 민첩한 제자이며 누구보다도 영성이 뛰어난 인물이다. 예수께서 가장 사랑했던 수제자 중의 수제자며 베드로와 단짝으로 서로 마음이 맞는 친구 같은 존재임을 성경은 기록하고 있다. 요한은 그의 복음서에서 "태초에 말씀이 계시니라 이 말씀이 하나님과 함께 계셨으니 이 말씀은 곧 하나님이시니라 그가 태초에 하나님과 함께 계셨고 만물이 그로 말미암아 지은 바 되었으니 지은 것이 하나도 그가 없이는 된 것이 없느니라 그 안에 생명이 있었으니 이 생명은 사람들의 빛이라 빛이 어두움에 비춰되 어두움이 깨닫지 못하더라"(요1:1~5)고 기록하였다.

갈릴리 호수에서 전문적인 어부로 생활하던 범인(凡人)이 어떻게 육체로 오신 하나님을 삼위의 하나님으로 알 수 있었을까 기가 막힐 노릇이다. 성령의 인도함을 받은 까닭이다. "참빛 곧 세상에 와서 각 사람에게 비취는 빛이 있었나니 그가 세상에 계셨으며 세상은 그로 말미암아 지은 바 되었으되 세상이 그를 알지 못하였고 자기 땅에 오매 자기 백성이 영접지 아니하였으나 영접하는 자 곧 그 이름을 믿는 자들에게는 하나님의 자녀가 되는 권세를 주셨으니 이는 혈통으로나 육정으로나 사람의 뜻으로 나지 아니하고 오직 하나님께로서 난 자들이니라 말씀이 육신이 되어 우리 가운데 거하시매 우리가 그 영광을 보니 아버지의 독생자의 영광이요 은혜와 진리가 충만하더라"(요1:9~14)고 기록하고 있다. 우리가 하나님의 자녀로 거듭나기 위해서는 나의 죄를 위해 십자가를 지신 예수그리스도를 나의 마음에 영접하면 되는 것이다.

이 책을 읽는 여러분들이 소리 내어 예수그리스도를 여러분들의 마음속에 영접하기를 바란다. "너희가 하나님의 성전인 것과 하나님의 성령이 너희 안에 계신 것을 알지 못하느뇨"(고전3:16) 요한은 특유의 영성으로 말씀이 하나님이고 하나님이 바로 말씀이며 말씀이 예수그리스도임을 가장 먼저 간파한 인물이다. 하나님은 말씀으로 천지만물을 창조하셨으며 말씀이 육신이 되어 우리 가운데 거하였으며 참 빛인 예수그리스도가 바로 말씀이고 하나님임을 깨닫고 기록한 것이다.

요한은 또한 예수께서 말씀하신 제자의 도를 다음과 같이 기록한 인물이다. "내가 진실로 진실로 너희에게 이르노니 한 알의 밀이 땅에 떨어져 죽지 아니하면 한 알 그대로 있고 죽으면 많은 열매를 맺느니라"(요12:24)고 하였다. 누가복음에서 기록한 "또 무리에게 이르시되 아무든지 나를 따라 오려거든 자기를 부인하고 날마다 제 십자가를 지고 나를 좇을 것이니라"(눅 9:23)는 말씀과 맥을 같이 한다. 요한은 예수께서 '서로 사랑하라'는 말씀은 성경의 완성이며 새 계명이라고 기록하고 있다. 요한은 예수께서 선포한 내가 곧 길이요 진리요 생명이라는 말씀의 의미와 예수께서 어떠한 길로 갈 것과 보혜사 성령을 보내사 영원히 우리와 함께 하실 것임을 먼저 깨닫고 기록한 인물이다.

"보혜사 곧 아버지께서 내 이름으로 보내실 성령 그가 너희에게 모든 것을 가르치시고 내가 너희에게 말한 모든 것을 생각나게 하시리라"(요 14:26)고 말씀하셨다. "예수께서는 지금 내가 나를 보내신 이에게로 가는데 너희 중에서 나더러 어디로 가느냐 묻는 자가 없고 도리어 내가 이 말을 하므로 너희 마음에 근심이 가득하였도다 그러나 내가 너희에게 실상을 말하노니 내가 떠나가는 것이 너희에게 유익이라 내가 떠나가지 아니하면 보혜사가 너희에게 오시지 아니할 것이요 가면 내가 그를 너희에게로 보내리니 그가 와서 죄에 대하여, 의에 대하여, 심판에 대하여 세상을 책망하시리라 죄에 대하여라 함은 저희가 나를 믿지 아니함이요 의에 대하여라 함은 내가 아버지께로 가니 너희가 다시 나를 보지 못함이요 심판에 대하여라 함은 이 세상 임금이 심판을 받았음이니라 내가 아직도 너희에게 이를 것이 많으나 지금은 너희가 감당치 못하리라 그러나 진리의 성령이 오시면 그가 너희를 모든 진리 가운데로 인도하시리니 그가 자의를 말하지 않고 오직 듣는 것을 말하시며 장래 일을 너희에게 알리시리라 그가 내 영광을 나타내리니 내 것을 가지고 너희에게 알리겠음이니라 무릇 아버지께 있는 것은 다 내 것이라 그러므로 내가 말하기를 그가 내 것을 가지고 너희에게 알리리라"(요16:4~15)며 성령의 시대를 예고하신 것이다.

이를 달리 표현하면 예수그리스도는 이와 같이 마태복음의 산상수훈을 시작으로 갈릴리에서 사역을 마치시고 예루살렘 성에 입성하신 후

요한복음의 '예루살렘 선언'을 통하여 구속사역을 마무리 하신 것이다. 요한복음 13~17장까지의 말씀이 필자가 명명한 가칭 '예루살렘 선언'이다. 핵심 내용은 제자들의 발을 씻기시고 새 계명을 말씀하시며 내가 곧 길과 진리와 생명이라는 말씀과 보혜사 성령을 주실 것과 포도나무의 비유, 앞으로 성령께서 하실 사역에 대하여 말씀하신 것이다. 마지막으로 자신과 제자들을 위해 기도하시고 십자가를 지신 것이다.

"예수께서 이 말씀을 하시고 눈을 들어 하늘을 우러러 가라사대 아버지여 때가 이르렀사오니 아들을 영화롭게 하사 아들로 아버지를 영화롭게 하게 하옵소서 아버지께서 아들에게 주신 모든 자에게 영생을 주게 하시려고 만민을 다스리는 권세를 아들에게 주셨음이로소이다 영생은 유일하신 참 하나님과 그의 보내신 자 예수그리스도를 아는 것이니이다 아버지께서 내게 하라고 주신 일을 내가 이루어 내가 아버지를 이 세상에서 영화롭게 하였사오니 아버지여 창세전에 내가 아버지와 함께 가졌던 영화로써 지금도 아버지와 함께 나를 영화롭게 하옵소서"(요 17:1~5)라며 자신을 위해 기도하셨다.

"저희를 진리로 거룩하게 하옵소서 아버지의 말씀은 진리니이다 아버지께서 나를 세상에 보내신 것 같이 나도 저희를 세상에 보내었고 또 저희를 위하여 내가 나를 거룩하게 하오니 이는 저희도 진리로 거룩함을 얻게 하려 함이니이다 내가 비옵는 것은 이 사람들만 위함이 아니요 또 저희 말을 인하여 나를 믿는 사람들도 위함이니 아버지께서 내 안에, 내가 아버지 안에 있는 것 같이 저희도 다 하나가 되어 우리 안에 있게 하사 세상으로 아버지께서 나를 보내신 것을 믿게 하옵소서 내게 주신 영광을 내가 저희에게 주었사오니 이는 우리가 하나가 된 것 같이 저희도 하나가 되게 하려 함이니이다"(요17:17~22)라고 제자들을 위해 기도하셨다.

사도 요한이 위대한 이유는 예수께서 하나님의 아들 그리스도임과 그 이름을 힘입어 우리로 생명을 얻을 것이며 요한 일, 이, 삼서를 기록하여 영원한 생명이신 예수 그리스도가 바로 하나님의 인류를 향한 사랑의 본체이시며 또한 계시록을 작성하여 이생에서 천국의 소망을 갖도록 기록한 인물이다. 성령 하나님은 친구로서 우리 각자를 이 땅에서부터 천국 입성과 새 예루살렘까지 영원히 우리를 성부, 성자 하나님께 인도하시는 분임을 명쾌하게 기록하였다. 요한은 태초부터 천지만물을 창조하신 하나님과 피조물인 인간이 어떤 존재인지 정체성을 삼위일체의 하나님을 통하여 가장 잘 표현한 인물이며 말씀이 능력과 지혜의 원천임을 기록한 인물이다. 이후 사도행전에서 언급한 바와 같이 성령의 시대에 베드로와 바울을 통한 성령님의 역사가 아시아와 유럽의 현장에서 발휘할 수 있는 원천을 제공했으며 이를 통하여 사도바울이 로마서에 삼위일체 하나님을 다시 논증하며 하나님의 말씀인 성경을 완성하도록 하는데 결정적으로 기여한 인물이 사도 요한이 아닌가 추측해 본다. 요한은 예수께서 공생애 동안 가장 사랑했던 제자임에 틀림없는 인물이며 탁월한 영성의 소유자로 현세와 내세를 직시하고 계시한 위대한 인물이 아닌가 생각한다.

삼위일체 하나님 찬양

오늘날 성령시대에 살고 있는 우리에게 아브라함의 하나님 이삭의 하나님 야곱의 하나님은 지금도 살아서 역사하시며 약속하신 말씀을 이루시는 하나님의 근본 언약은 변함이 없다. 하나님의 형상을 닮은 인간을 하나님은 영적 대화의 파트너로 인정하시고 생육하고 번성하여 땅과 하늘과 바다의 모든 생물을 다스리는 복을 주셨으며 하나님은 택하신 백성을 통해 큰 민족을 이루고 이름을 창대케 하며 복의 근원으로 삼으시겠다는 약속을 하셨다. 변함없는 하나님의 말씀이다. 구원자이신 예수 그리스도의 믿음은 인간의 이성과 감성의 영역이 아닌 영적인 영역이며 믿음이 중요한 이유다.

예수님은 자신을 따르는 제자들에게 율법을 완성하기 위해서 따라야 할 길을 제시했다. "이에 예수께서 제자들에게 이르시되 아무든지 나를 따라 오려거든 자기를 부인하고 자기 십자가를 지고 나를 좇을 것이니라 누구든지 제 목숨을 구원코자 하면 잃을 것이요 누구든지 나를 위하여 제 목숨을 잃으면 찾으리라 사람이 만일 온 천하를 얻고도 제 목숨을 잃으면 무엇이 유익하리요 사람이 무엇을 주고 제 목숨을 바꾸겠느냐 인자가 아버지의 영광으로 그 천사들과 함께 오리니 그 때에 각 사람의 행한 대로 갚으리라"(마16:24~27)고 말씀하셨다. 앞에서 언급한 한 알의 밀알이 땅에 떨어져 썩으면 많은 열매를 맺는 말씀과 맥을 같이 하는 말씀이다. 자신을 부인한다는 의미는 자신을 십자가에 못 박고 주권을 온전히 하나님께 드리며 자신의 사명을 깊이 인식하여 하나님의 나라의 확장과 하나님의 의를 구하라는 말씀이다. 우리가 잘 아는 바와 같이 이순신 장군이 인용한 필생즉사(必生卽死)와 필사즉생(必死卽生)과 유사한 말씀이다. 예수님은 이 길을 제시하고 따르라는 말씀이다. 이 길을 따를 때 하나님은 당신의 백성들에게 약속하신대로 개인과 가정은 세계 최고의 인재와 가문이 되고 국가와 민족은 세계 최고의 나라와 민족이 될 것임을 약속하신 것이다.

예수께서 십자가를 지시고 부활하셔서 제자들에게 보이시며 승천하신 후 성령이 임하시면 권능을 받고 증인이 되라고 성경은 기록하고 있다. "가라사대 때와 기한은 아버지께서 자기의 권한에 두셨으니 오직 성령이 너희에게 임하시면 너희가 권능을 받고 예루살렘과 온 유대와 사마리아와 땅끝까지 이르러 내 증인이 되리라 하시니라"(행1:7~8)고 말씀하셨다. 이후 성령 하나님은 모든 제자들과 사도바울에게 임하셔서 아시아와 유럽에서 담대히 하나님 나라를 전파하며 주(主) 예수 그리스도께 관한 것을 가르치되 금하는 사람이 없었다고 성경은 기록하고 있다. 베드로와 바울에 의한 성령 하나님의 역사는 생생한 현장의 증언을 통해 제자들의 서신에 기록되어 있다.

성경은 하나님이 세상을 이처럼 사랑하사 독생자를 주셨으니 이는 저를 믿는 자마다 멸망치 않고 영생을 주려함이라는 삼위일체 하나님의 말씀이고 이 말씀을 믿는 그 누구나 하나님의 자녀로 거듭남의 삶을 누린다는 것을 알리고자 한 것이다. "너희가 거듭난 것은 썩어질 씨로 된 것이 아니요 썩지 아니할 씨로 된 것이니 하나님의 살아있고 항상 있는 말씀으로 되었느니라 그러므로 모든 육체는 풀과 같고 그 모든 영광이 풀의 꽃과 같으니 풀은 마르고 꽃은 떨어지되 오직 주의 말씀은 세세토록 있도다 하였으니 너희에게 전한 이 복음이 말씀이니라"(벧전 1:23~25)고 하였다. 거듭난 삶은 사랑과 은혜와 평강의 삶이요, 자유와 소망과 진리의 삶이요, 생명과 능력과 지혜의 삶인 것이다. 예수께서 이 땅에 오셔서 하신 일을 우리는 본받아야 할 것이다. "예수께서 온 갈릴리에 두루 다니사 저희 회당에서 가르치시며 천국복음을 전파하시며 백성 중에 모든 병과 모든 약한 것을 고치시니"(마4:23)인 것이다. 우리가 가야할 길과 사명이다.

성경은 하나님께서 인간을 창조하시고 복의 복을 주셨음을 선포하며 하나님을 믿는 자는 세계에서 가장 뛰어난 개인과 민족을 삼으시겠다고 약속한 비경(秘經)이다. 하나님은 아들 예수그리스도를 이 땅에 보내사 모든 민족을 구원케 하시는 놀라운 사랑을 주셨으며 예수그리스도가 바로 우리의 길이요 진리요 생명이심을 선포하여 잠자는 자들의 눈을 뜨게 하셨다. 예수그리스도의 십자가 보혈과 부활 승천을 믿는 자에게 영생을 주시고 성령의 역사가 시작됨으로써 성경은 과거의 경이 아니라 오늘날 살아서 역사하시는 전능한 비경(秘經)이 된 것이다. 이와 같이 우주 만물의 질서와 인생의 생사화복과 국가의 흥망성쇠의 모든 열쇠를 가진 성경의 진가를 모르거나 지혜와 지식이 부족하여 깨닫지 못하고 무시하거나 방치한다면 얼마나 어리석고 안타까운 일인가 하는 간절한 마음으로 이 글을 쓴다. 그렇다면 미래에도 성경 말씀은 모든 사람에게 계속 유효할 것인가 궁금할 것이다. 앞으로 5백 년, 1천 년, 1만 년 후의 세상은 어떻게 달라질 것인지 누구도 예측하기 쉽지 않을 것이다. 과학기술문명의 발달로 어떤 세상이 올지 가늠하기가 어려울 것이기 때문이다.

　21세기에 들어와 0과 1의 디지털 시대로 바뀌면서 세상은 엄청난 변화의 소용돌이 속에서 한 치 앞을 바라볼 수 없을 정도로 눈을 뜨고 나면 발전하고 있다. 과학기술을 통하여 과거의 하나님의 이적과 기적이 오늘날 우리 삶의 현장에서 나타나고 있는 것이 사실이다. 특히 반도체와 2차 전지의 발달, 데이터와 SW 운용시스템의 발전으로 AI(인공지능)가 세상의 변화를 주도하며 현실의 연장선으로 가상현실이 눈앞에 나타난 세상에 살고 있다. 챗GPT와 자율주행이 가능하며 데이터를 활용하여 자국민인 어디서 누구를 만나 무엇을 하는지 감시, 통제가 가능한 세상이 온 것이다. 아울러 저궤도 위성을 쏘아 올려 극지든 사막이든 히말라야 산지든 지구촌 어디든 네트워크화될 날이 멀지 않았으며 인간을 대신하는 로봇과 드론 무인기 등 어디서든 원격제어가 가능한 세상이 온 것이다. 지금도 이렇게 세상이 빠르게 변화하는데 5백년 이후의 세상은 어떻게 변할지 누가 알겠는가? 그러나 장담컨대 하나님의 말씀인 성경은 일점일획이라도 변함이 없을 것이다.

　1만 년 후에도 하나님의 말씀은 살아서 운동력이 있어 좌우에 날선 어떤 검보다도 예리하여 혼과 영과 관절과 골수를 찔러 쪼개기까지 하며 사람의 생각과 마음을 감찰하는 능력과 지혜는 여전할 것이다. 하나님의 말씀으로 어린 아이가 예언을 하며 젊은이가 환상을 보며 늙은이가 꿈을 꿀 것이다. 미래에도 하나님은 앞서 행하시며 거할 장막 터를 찾으시고 낮에는 구름기둥으로 밤에는 불기둥으로 우리를 인도하실 것이다. 길을 찾아 방황할 때에 예수그리스도는 우리의 길과 진리와 생명이 되실 것이다. 성령 하나님은 믿는 자에게 신령한 복을 주시고 인도 교통하심으로 하나님의 자녀로 거듭났음을 알려주시고 믿음의 조상 아브라함에게 주셨던 영과 육의 영원하신 기업을 완성시켜 주실 것이다.

　삼위일체 하나님과 성경 말씀을 믿지 못하고 깨닫지 못하는 이단들과 인본주의 목회자나 주체사상을 따르는 좌파 목사들은 성도들을 더 이상 미혹하지 말고 교회를 떠나야 할 것이다. 이들은 세상의 영인 악한 영과 어둠의 영의 지배를 받는 자들이다. 아무리 과학기술문명이 발전하여 인공지능으로 세상을 바꾼다 해도 삼위일체 창조주 하나님의 말씀과 성령의 은사와 열매는 또 다른 미지의 세상을 향하여 우리를 인도하실 것이다. 어떻게 인공지능으로 성령의 은사를 대신하며 성령의 열매를 맺겠는가? 이차원에 머물러 있는 인간의 이성과 감성으로 삼차원의 믿음의 영역인 영성의 일을 가늠할 수 있겠는가?

"모든 성경은 하나님의 감동으로 된 것으로 교훈과 책망과 바르게 함과 의로 교육하기에 유익하니 이는 하나님의 사람으로 온전케 하며 모든 선한 일을 행하기에 온전케 하려 함이니라"(딤후3:16~17)고 말씀하고 있다. 이를 알고자 하는 자는 믿음으로 거듭나야 한다. "누구든지 그리스도 안에 있으면 새로운 피조물이라 이전 것은 지나갔으니 보라 새것이 되었도다"(고후5:17)고 말씀하고 있다. 나의 죄를 위해 십자가를 지신 예수 그리스도를 나의 구세주로 내 마음 속에 영접하면 되는 것이다. 마음속에 삼위일체 하나님이 계시기 때문에 "너희가 하나님의 성전인 것과 하나님의 성령이 너희 안에 거하시는 줄을 알지 못하느뇨"(고전3:16)라고 말씀하신 것이다. 성령의 은사는 지혜의 말씀과 지식의 말씀과 믿음과 병 고치는 은사와 능력 행함과 예언함과 영들 분별함과 각종 방언 말함과 방언 통역함을 거듭난 각자에게 주신 것이다.

성령의 열매는 사랑과 희락과 화평과 오래 참음과 자비와 양선과 충성과 온유와 절제라고 성경은 말씀하고 있다. 과학기술문명이 아무리 발전해도 여전히 하나님의 말씀인 성경은 세상 끝 날까지 계속되는 것이다. 동해물과 백두산이 마르고 닳도록 하나님이 보우하사 우리나라 만세와 같이 동해물과 백두산이 마르고 닳으면 세상은 종말이 올 것이다. 대한민국은 영원할 것이다. 따라서 5백 년, 1천 년, 1만 년 후에도 우리는 성경 말씀대로 개인이 할 역할과 부여받은 소명을 끝까지 완수하는 것이다. "나의 달려갈 길과 주 예수께 받은 사명 곧 하나님의 은혜의 복음 증거하는 일을 마치려 함에는 나의 생명을 조금도 귀한 것으로 여기지 아니하노라"(행20:24)의 고백과 "내가 선한 싸움을 싸우고 나의 달려갈 길을 마치고 믿음을 지켰으니 이제 후로는 나를 위하여 의의 면류관이 예비되었으므로 주 곧 의로우신 재판장이 그 날에 내게 주실 것이니 내게만 아니라 주의 나타나심을 사모하는 모든 자에게니라"(딤후4:7~8)며 고백한 사도바울의 고백이 대한민국과 한민족의 고백이 되기를 간절히 바란다.

필자가 2022년 5월 8일부터 2025년 2월 1일까지 1천일 새벽기도를 통해 하나님께서 필자에게 부여하신 사명을 정리하여 소개하고자 한다. 즉 '세계 선교비전 2045'다. 뜻있는 분들의 동참을 위하여 소개한다. 목표는 100만 명의 자비량 선교사와 10만 명의 선교사를 5대양 6대주로 파송하는 것이다.

첫째, 인재양성을 위한 신명기 장학금을 지원한다. 이를 위하여 군선교사와 탈북목사와 5대양 6대주 파송선교사에 장학금을 지원한다.

둘째, 우리의 친구 신동만의 영성국가를 통하여 이를 홍보한다. 저술활동과 강연과 서울국제성경성령학교(SISSS)와 훈련센터를 운영한다.

셋째, 세계 선교전략을 위한 지침을 제공하며 이를 실천한다. 세계 선교전략은 두 축으로 진행할 것이다. 하나는 해양으로 또 하나는 대륙으로 가는 길이다. 해양으로 가는 길은 자유민주주의 국가를 대상으로 5대양 6대주로 갈 것이다. 한국의 대형 교회와 교단이 참여하며 국제 선교단체와 연합하여 이룩할 것이다. 대륙으로 가는 길은 남북이 복음 통일한 후에 북한의 젊은이들과 함께 유라시아 대륙으로 진출하여 공산권 나라를 대상으로 복음이 전해질 것이다. 베트남은 중국의 남방으로 치고 올라와서 한민족의 젊은이들과 협력할 것이다. 아울러 한미 신앙동맹을 강화할 것이다. 교회와 교단은 명성교회와 극동방송이 앞장서며 한국전 및 베트남전 기독파병용사들이 앞장설 것이다.

마지막으로 독자들에게 시편 139편의 말씀으로 축복하고자 한다.

오직 하나님만이 우리의 소망이시요, 길과 진리와 생명이시며 우리를 바른 길로 인도하시고 매 순간 보호하시며 영원히 함께 하시는 분임을 마음속 깊이 새기고 한눈팔지(점, 사주팔자, 토정비결, 풍수) 말고 하나님께서 각자에게 주신 사명을 흔들림 없이 감당하시라는 것이다. 하나님만이 여러분들을 가장 잘 아시는 분이다.

"여호와여 주께서 나를 감찰하시고 아셨나이다 주께서 나의 앉고 일어섬을 하시며 멀리서도 나의 생각을 통촉하시오며 나의 길과 눕는 것을 감찰하시며 나의 모든 행위를 익히 아시오니 여호와여 내 혀의 말을 알지 못하시는 것이 하나도 없으시니이다 주께서 나의 전후를 두르시며 내게 안수하셨나이다 이 지식이 내게 너무 기이하니 높아서 내가 능히 미치지 못하나이다 내가 주의 신을 떠나 어디로 가며 주의 앞에서 어디로 피하리이까 내가 하늘에 올라갈찌라도 거기 계시며 음부에 내 자리를 펼지라도 거기 계시니이다 내가 새벽 날개를 치며 바다 끝에 가서 거할찌라도 곧 거기서도 주의 손이 나를 인도하시며 주의 오른 손이 나를 붙드시리이다"(시139:1~10)의 말씀이다.

성령 하나님의 시대에 '은혜가 풍성한 하나님'과 가곡 '비목'과 '선구자(先驅者)'의 찬양과 찬미로 모든 글을 맺고자 한다. 비목(碑木)은 나무로 만든 비(碑)다. 선구자는 '앞서 달리는 사람'이라는 뜻으로 행렬에서 맨 앞에 선 사람 또는 어떤 일이나 사상에서 다른 사람보다 앞선 사람을 뜻한다. 선각자(先覺者)란 말과 비슷한 뜻으로 남달리 앞서 깨달았다는 의미다. 성령 충만은 하나님의 말씀이 충만한 상태니 말씀과 성령의 두 축의 고속열차가 말씀의 로켓이 되어 한민족 도약의 원천이 오직 '성경 말씀'임을 깨닫고 여러분과 여러분 후손이 신령한 하나님의 영원한 복 받기를 간절히 기원한다. 신명기를 많이 읽기 바란다.

"야곱이 바로에게 이르되 내 나그네 길의 세월이 백삼십 년이니이다 내 나이가 얼마 못되니 우리 조상의 나그네 길의 연조에 미치지 못하나 험악한 세월을 보내었나이다 하고 야곱이 바로에게 축복하고 그 앞에서 나오니라"(창47:9~10)는 멋진 인생처럼 우리의 인생길이 험악할지라도 우리 앞에 펼쳐지는 기가 막힌 삶은 잔치 같은 인생, 소풍 같은 인생이라는 말씀이다. 여러분! 우리 모두 인생 대박 납시다!

은혜가 풍성한 하나님은

은혜가 풍성한 하나님은 믿는 자 한 사람 한 사람
어제나 오늘도 언제든지 변찮고 보호해 주시네
주여 성령의 은사들을 오늘도 내리어 줍소서
성령의 뜨거운 불길로써 오늘도 충만케 합소서

정욕과 죄악에 물든 맘을 성령의 불길로 태우사
정결케 합소서 태우소서 깨끗케 하여 주옵소서
주여 성령의 은사들을 오늘도 내리어 줍소서
성령의 뜨거운 불길로써 오늘도 충만케 합소서

희생의 제물로 돌아가신 우리 주 예수님 이시여
구속의 은혜를 내리시사 오늘도 구원해 줍소서
주여 성령의 은사들을 오늘도 내리어 줍소서
성령의 뜨거운 불길로써 오늘도 충만케 합소서

주님의 깊으신 은혜만을 세상에 널리 전하리라

하늘의 능력과 권세로써 오늘도 입혀 주옵소서

주여 성령의 은사들을 오늘도 내리어 줍소서

성령의 뜨거운 불길로써 오늘도 충만케 합소서 아멘!

비목

초연히 쓸고 간 깊은 계곡 깊은 계곡 양지 녘에
비바람 긴 세월로 이름 모를 이름 모를 비목이여
먼 고향 초동 친구 두고 온 하늘 가
그리워 마디 마디 이끼 되어 맺혔네

궁노루 산울림 달빛 타고 달빛 타고 흐르는 밤
홀로 선 적막감에 울어지친 울어지친 비목이여
그 옛날 천진스런 추억은 애달파
서러움 알알이 돌이 되어 쌓였네

선구자

일송정 푸른 솔은 늙어 늙어 갔어도
한줄기 해란 강은 천년 두고 흐른다
지난 날 강가에서 말 달리던 선구자
지금은 어느 곳에 거친 꿈이 깊었나

용두레 우물가에 밤새 소리 들릴 때
뜻 깊은 용문교에 달빛 고이 비친다
이역하늘 바라보며 활을 쏘던 선구자
지금은 어느 곳에 거친 꿈이 깊었나

용주사 저녁 종이 비암산에 울릴 때
사나이 굳은 마음 길이 새겨 두었네
조국을 찾겠노라 맹세하던 선구자
지금은 어느 곳에 거친 꿈이 깊었나

나가며

    필자는 이 글을 쓰면서 내 자신과 우리 민족의 나갈 새로운 길을 정리해 보았다. 나의 삶에서 성경 말씀과 기도와 행함, 복음 전파, 애국과 감사 찬양을 뺀다면 큰 의미가 없겠다. 앞으로의 삶은 이것에 더 집중할 생각이다. "**가로되 주 예수를 믿으라 그리하면 너와 네 집이 구원을 얻으리라 하고**"(행16:31)의 말씀과 함께 지금까지 오직 그리스도 예수의 푯대를 향하여 밤낮없이 달려온 삶이라 생각한다.

    예수 믿기 전에는 아무런 소망이 없었던 필자가 이제는 5대양 6대주를 향한 세계선교를 꿈꾸고, 복음 통일된 한반도와 잃어버린 동북3성과 연해주를 소망하며 유라시아 대륙을 가슴에 품고 기도하는 백성이 되었다. 하나님의 섭리로 대학 입시의 실패가 기회가 되어 육군3사관학교에 수석 입학하여 졸업 후 국제신사의 반열에 올랐으며 하나님의 은혜로 전 세계인이 존경하는 장군이 되고 군의 혜택을 받아서 학사 석사 박사 학위를 받아 이제는 이를 하나님의 뜻을 구현하고 세계선교를 위한 복음 전파에 사용하고자 한다.

    젊었을 때 혈기왕성하고 자아가 강하여 용서하지 못하던 자신이 성령 하나님의 역사로 타인을 배려하고 용서하는 마음과 포용할 수 있는 마음이 조금은 생긴 것 같다. 지금은 성령의 가장 큰 은사인 사랑과 포용력을 구하고자 노력하는 자가 되었다. 예수 믿고서 먹을 것 입을 것 마실 것 등 나의 필요를 위해 기도하던 필자가 언제부터인가 온전한 마음으로 아버지께서 기뻐하실 일이 무엇인가 아버지의 의도와 뜻을 품고 대한민국의 번영과 남북의 자유민주복음통일과 5대양 6대주를 향한 세계선교를 위해 기도하고 있다.

의미는 다를 수 있지만 "네 시작은 미약하였으나 네 나중은 심히 창대하리라"(욥8:7)는 하나님의 말씀을 오늘도 묵상하며 주님 앞에 서는 날, "내가 선한 싸움을 싸우고 나의 달려갈 길을 마치고 믿음을 지켰으니 이제 후로는 나를 위하여 의의 면류관이 예비 되었으므로 주 곧 의로우신 재판장이 그 날에 내게 주실 것이니 내게만 아니라 주의 나타나심을 사모하는 모든 자에게니라"(딤후4:7~8)는 말씀을 기대하고 꿈꾸며 살고 있다.

솔로몬 전도자는 "전도자가 가로되 헛되고 헛되며 헛되고 헛되니 모든 것이 헛되도다 사람이 해 아래서 수고하는 모든 수고가 자기에게 무엇이 유익한고 한 세대는 가고 한 세대는 오되 땅은 영원히 있도다"(전1:2~4)의 말씀으로 시작하여, 마지막은 "일의 결국을 다 들었으니 하나님을 경외하고 그 명령을 지킬찌어다 이것이 사람의 본분이니라 하나님은 모든 행위와 모든 은밀한 일을 선악 간에 심판하시리라"(전12:13~14)며 말씀을 맺고 있다. 하나님의 말씀이 얼마나 위대한 비경인지 우리의 삶을 통해서 역사하시는 성령 하나님이 이를 나타내고 있다. 나와 같은 늙은 이가 꿈을 꾸고 있는 이유다.

"하나님이 가라사대 말세에 내가 내 영으로 모든 육체에게 부어 주리니 너희의 자녀들은 예언할 것이요 너희의 젊은이들은 환상을 보고 너희의 늙은이들은 꿈을 꾸리라 그 때에 내가 내 영으로 내 남종과 여종들에게 부어 주리니 저희가 예언할 것이요 또 내가 위로 하늘에서는 기사와 아래로 땅에서는 징조를 베풀리니 곧 피와 불과 연기로다 주의 크고 영화로운 날이 이르기 전에 해가 변하여 어두워지고 달이 변하여 피가 되리라 누구든지 주의 이름을 부르는 자는 구원을 얻으리라 하였느니라"(행2:17~21) 말씀하였다.

필자는 이제 주님 앞에 서는 날까지 예수 십자가의 보혈로 날마다 나의 영과 혼과 육을 깨끗하게 씻기를 원한다. 세상을 태평양 바다와 같이 품는 삶, 주님보다 앞서는 삶을 경계하며 나가는 삶을 살기 위해서다.

> 보혈을 지나 하나님 품으로
> 보혈을 지나 아버지 품으로
> 보혈을 지나 하나님 품으로 한 걸음씩 나가네
> 존귀한 주 보혈이 내 영을 새롭게 하시네
> 존귀한 주 보혈이 내 영을 새롭게 하네

할렐루야! 할렐루야! 할렐루야!
아멘! 아멘! 아멘!